高等教育政策与管理研究丛书

主编：陈学飞　副主编：李春萍

四　编

第 **2** 册

通专之间：北京大学本科人才
培养模式的变迁研究（1952～1998）（上）

邹　儒　楠　著

花木兰文化事业有限公司

国家图书馆出版品预行编目资料

通专之间：北京大学本科人才培养模式的变迁研究（1952～
1998）（上）／邹儒楠 著 -- 初版 -- 花木兰文化事业有限公司，
2022〔民111〕
目 4+174 面；19×26 公分
（高等教育政策与管理研究丛书　四编　第2册）
ISBN 978-986-518-936-5（精装）
1.CST：高等教育 2.CST：人才 3.CST：培养
526.08   111009781

ISBN-978-986-518-936-5

9 789865 189365

高等教育政策与管理研究丛书
四编　第二册

ISBN：978-986-518-936-5

通专之间：北京大学本科人才
培养模式的变迁研究（1952～1998）（上）

作　　　者　邹儒楠
主　　　编　陈学飞
副 主 编　李春萍
总 编 辑　杜洁祥
副总编辑　杨嘉乐
编辑主任　许郁翎
编　　　辑　张雅淋、潘玟静、刘子瑄　美术编辑　陈逸婷
出　　　版　花木兰文化事业有限公司
发 行 人　高小娟
联络地址　台湾 235 新北市中和区中安街七二号十三楼
　　　　　电话：02-2923-1455 ／传真：02-2923-1452
网　　　址　http://www.huamulan.tw 信箱 service@huamulans.com
印　　　刷　普罗文化出版广告事业
初　　　版　2022 年 9 月
定　　　价　四编 5 册（精装）新台币 10,000 元

通专之间：北京大学本科人才培养模式的变迁研究（1952～1998）（上）

邹儒楠　著

作者简介

邹儒楠，女，北京大学档案馆助理研究员。华东师范大学管理学学士（2003-2007），中国科学院大学情报学硕士（2007-2010），北京大学教育学博士（2012-2020）。研究方向为高等教育史。

提　　要

　　"通"与"专"是一对与"培养怎样的人和怎样培养人"密切相关的核心概念。在本科人才培养过程中，何为"通"？何为"专"？在不同历史时期"通"与"专"的本土化内涵及相互关系发生了怎样的演变？在这种变化下，本科人才培养模式又经历了怎样的变迁？研究以中国第一所国立综合性大学北京大学为例，将其1952-1998年间的本科人才培养划分为四个阶段。研究发现，北京大学"专才"培养的内涵经历了"研究高深知识，以科学为业"——"做中学，以生产劳动为业"——"理论实践并重，以市场为业"——"面向学科，兼顾科学和市场"的变化。"通"始终隐藏在"专"的背后。随着"专"的变化，"通"的内涵发生了"以科学达至修养"——"以生产劳动达至红"——"以基础知识和通用技术达至职业能力"——"以全面基础达至素质"的转变。研究揭示，北京大学本科人才培养的实践从不是单纯的"专才教育"，"通"与"专"在其中一直都是并存的、无法割裂的，二者具有内在的统一性。因此，近年来北大本科人才培养模式"通"的变革不仅仅是学习以美国为代表的西方通识教育的结果，它还有着从自身传统中继承的重要基因，这理应与西方经验一同构成当下我国"通专结合"本科人才培养模式改革的重要参考。

序　言

　　这是一套比较特殊的丛书，主要选择在高等教育领域年轻作者的著作。这不仅是因为青年是我们的未来，也是因为未来的大师可能会从他们之中生成。丛书的主题所以确定为高等教育政策与管理，是因为政策与管理对高等教育的正向或负向发展具有重要、甚至是决定性的意义。公共政策是执政党、政府系统有目的的产出，是对教育领域社会价值的权威性分配。中国不仅是高等教育大国，更是独特的教育政策大国和强国，执政党和政府年复一年，持续不断的以条列、规章、通知、意见、讲话、决议等等形式来规范高等院校的行为。高等教育管理很大程度上则是政治系统产出政策的执行。包括宏观的管理系统，如党的教育工作委员会及各级政府的教育行政部门；微观管理系统，如高等学校内部的各党政管理机构及其作为。

　　这些政策和管理行为，不仅影响到公众对高等教育的权利和选择，影响到教师、学生的表现和前途，以及学科、学校的发展变化，从长远来看，还关乎国家和民族的兴盛或衰败。

　　尽管高等教育政策和管理现象自从有了大学即已产生，但将其作为对象的学术研究却到 19 世纪和 20 世纪中叶才在美国率先出现。中国的现代大学产生于 19 世纪后半叶，但对高等教育政策和管理的研究迟至 20 世纪 80 年代才发端。虽然近些年学术研究已有不少进展，但研究队伍还狭小分散，应然性研究、解释性研究较多，真实的高等教育政策和管理状况的研究偏少，理论也大多搬用国外的著述。恰如美国学者柯伯斯在回顾美国教育政策研究的状况时所言：“问题是与政策相关的基础研究太少。最为主要的是对教育政策进行更多的基础研究……如果不深化我们对政策过程的认识，提高和改进教育效果是无捷径可走的。仅仅对政策过程的认识程度不深这一弱点，就使我们远远缺乏那种可以对新政策一些变化做出英明预见的能力，缺乏那种自信地对某个建议付诸实施将会有何种成果做出预料的能力，缺乏对政策过程进行及时调整修正的能力"。（斯图亚特.S.纳格尔.政策研究百科全书，北京：科学技术文献出版社，1990:458）这里所言的基础研究，主要是指对于高等教育政策和管理实然状态的研究，探究其发生、发展、变化的过程、结果、原因、机理等等。

编辑本丛书的一个期望就是，凡是入选的著作，都能够在探索高等教育政策和管理的事实真相方面有新的发现，在探究方法方面较为严格规范，在理论分析和建构方面在前人的基础上有所创新。尽管这些著作大都聚焦于政策和管理过程中的某个问题，研究的结果可能只具有"局部"的、"片面"的深刻性，但只要方向正确，持续努力，总可以"积跬步以至千里,积小流以成江海"，逐步建构、丰富本领域的科学理论，为认识、理解、改善政策和管理过程提供有价值的视角和工具，成为相关领域学者、政策制定者、教育管理人员的良师和益友。

主编 陈学飞

目

次

第一章 导 论

1.1 研究问题

"教育者，养成人格之事业也。试仅仅为灌输知识练习技能之作用，而不贯之以理想，则是机械之教育，而非所以施之以人类也。"[1]

——蔡元培

"教育的目的应该是使学生成为既掌握某种特定的职业或技艺、同时又掌握作为自由人和公民的普遍技艺的专家。"[2]

——哈佛委员会

1.1.1 通与专的此消彼长

专业教育和通识教育的实践在历史上呈现出此消彼长的态势。19 世纪之前，面向无需劳作、拥有闲暇的绅士，旨在"训练心智"[3]的自由教育在西方高等教育领域占据绝对的主导地位。19 世纪之后，由于社会生产领域越来越需要掌握实用知识的人才，面向所有公民的、旨在"从事相关专门工作"[4]的

---

1 蔡元培，《蔡元培教育论著选》[M]，北京：人民教育出版社，1991 年，第 377 页。
2 [美]哈佛委员会，《哈佛通识教育红皮书》[M]，李曼丽译，北京：北京大学出版社，2010 年，第 42 页。
3 J. H. Newman. The Idea of a University Defined and Illustrated [M]. London: Thoemmes Press, 1994, p.106.
4 Ben-David. J. Centers of Learning [M]. New-York: Mc Graw-Hill Book Company, 1977, p.30.

专业教育替代自由教育成为了西方高等教育的主流。第二次世界大战之后，"由专业化引发并进一步推动专业化的惊人的知识爆炸"带来了极大的创造性，这一方面构成了"民主社会力量的源泉"，另一方面却带来了"社会标准的混乱甚至根本分歧"[5]。于是，旨在"使人成为社会中见多识广、负责任的人"的通识教育开始登上历史舞台。虽然在具体措施上有所区别，但是目前在"加强通识教育"的认知层面，西方世界高等教育领域是十分一致的。

在中国，早在近代大学建立之初，就以"端正趋向，造就通才"[6]为宗旨，民国时期大学也以培养"硕学闳材"[7]为目标。然而，这种培养"通才"的倾向在新中国成立之后迅速被以专业教育为本的苏联专才教育培养模式所替代。在这之后的很长一段时间内，中国的高等教育被认为是纯粹的专业教育，与通识无关。改革开放以后，被扭曲了的过分专门化的中国高等教育本科人才培养模式逐渐无法适应市场经济条件下国家和社会对人才的要求，于是，20 世纪 90 年代，中国本土化的旨在应对过分专门化，提高学生文化素质的"素质教育"推广开来。鉴于国际交流的增多和深化，越来越多的高校在推行素质教育的过程中开始自发借鉴西方国家"通识教育"的经验。2016 年 3 月 17 日，国民经济和社会发展的第十三个五年规划纲要首次明确中国的大学应该"实行通识教育和专业教育相结合的培养制度，强化实践教学，着力培养学生创意创新创业能力"，这意味着通识教育正式得到了官方的认可，并上升为"国家战略意图"[8]。

1.1.2 北京大学的通专矛盾

作为我国第一所国立综合性大学，1998 年百年校庆之后，北京大学在建设世界一流大学目标的指引下，曾出现"打破专业和学科壁垒，争取把单科化的专才教育转变为整体化的通识教育"[9]的激进尝试。然而，专业教育和通

---

5 [美]哈佛委员会，《哈佛通识教育红皮书》[M]，李曼丽译，北京：北京大学出版社，2010 年，第 2-3 页。

6 《钦定大学堂章程》（1902）[Z]，北京大学档案馆馆藏，档号：JS0000158。

7 璩鑫圭、唐良炎，《中国近代教育史资料汇编——学制演变》[M]，上海：上海教育出版社，1991 年，第 663 页。

8 张亚群，《什么是好的通识教育？》[EB/OL]，http://edu.people.com.cn/n1/2016/0510/c1053-28337785.html，《光明日报》，2016-05-10。

9 《为什么要开设通选课？》（2001）[Z]，北京大学档案馆馆藏，档号：1GL6122001-1272。

识教育并非是非此即彼的关系，二者"作为一个人应该接受的教育的两个方面"[10]，是不可割裂的，应该同时给予学生。于是，在经历了一系列不够成熟的实践之后，北大逐渐开始探索通识教育和专业教育的和谐共生。2016年4月26日，《北京大学本科教育综合改革指导意见》及《北京大学2016年本科教育改革实施方案要点（试行）》正式公布。在这两份文件中，学校首次提出要通过建立和完善"通识教育与专业教育相结合"的本科教育体系，在专业教育中贯穿通识教育的理念，以实现"培养引领未来的人"这一本科人才培养理念[11]。

北京大学是中国高等教育的一个缩影。可以说，同北京大学一样，我国高校普遍经历了从片面推崇通识教育到探索通专结合之路的过程。通识教育的内涵究竟如何？通识教育应如何和专业教育相互结合？这是国内高校面对的共同困惑。有着多年通识教育实践经验的北京大学、清华大学、复旦大学和中山大学已经成立了"大学通识教育联盟"，希望通过交流与合作，为众多高校在通识教育实践中遇到的共同问题和困惑寻找出路。高等教育研究也积极借鉴以美国为代表的西方国家的成熟经验，产生了一系列有价值的研究。然而，目前对于1952年院系调整到20世纪末期我国高等教育学习、打破、恢复苏联模式、重构本土化的专业教育，探索具有通识教育意涵的文化素质教育的尝试还缺乏必要的研究。有趣的是，研究者在20世纪下半期北京大学所谓过分专门的"专业教育"本科人才培养模式当中，看到了很多具有通识意涵的做法：如：以学科为基础设置专业、重视学生宽厚基础的塑造、重视自主学习、实习实践、通过专门化项目加强科研训练（院系调整之后）；通过专门组、选修组让学生自由选择、分流培养，试图加强大文科、大理科的共同基础、甚至所有学科的共同基础以提高全面素质、改变实验课教学方式以培养学生发现问题、解决问题的能力等（恢复高考之后到20世纪末期）。上述举措中有许多在21世纪的通识教育改革中再次出现。这引起了研究者的反思：在长期所谓片面的"专业教育"人才培养模式之下，"通识"意涵的教育究竟是否真正存在？以何种形式存在？不同的历史时期，根据国家、社会的

---

10 [美]哈佛委员会，《哈佛通识教育红皮书》[M]，李曼丽译，北京：北京大学出版社，2010年，第4页。

11 北京大学校发[2016]66号，《关于印发〈北京大学本科教育综合改革指导意见〉的通知》[Z]。

需要以及高等教育本身人才培养的逻辑，"通"的意涵是否发生了变化？"专"的意涵又如何？"通"与"专"之间是否存在冲突？二者如何共生？研究者认为，这些珍贵的本国历史经验应与西方经验一同构成当下"通专结合"本科人才培养模式改革的重要参考。

1.1.3 问题的提出

上文已经提到，从 20 世纪 50 年代全面学苏到 20 世纪末期全面启动通识教育改革之间的近半个世纪里，作为中国高等教育缩影的北京大学，在开展专业教育的过程中一直存在着具有"通识"意涵的实践，这些实践经验理应成为当下"通专结合"本科人才培养模式改革的镜鉴。而无论是专业教育还是通识教育，作为一种教育理念和人才培养模式，都是高等教育应对时代和社会变迁的一种反应[12]，其内涵和外延必须符合当时当地国家、社会对人才的要求以及高等教育本身人才培养的逻辑规律。因此，通识教育与专业教育的内涵与外延在我国高等教育的不同历史发展时期应是不同的。基于此，本研究拟以北京大学为案例，以 1952-1998 年为研究时段探讨如下问题：

1. 在国家、社会、高等教育自身的三重逻辑张力下，北京大学包括人才培养理念、专业设置模式、课程设置方式、教学制度体系、教学组织形式、教学管理模式等在内的本科人才培养模式经历了怎样的变迁？

2. "通识教育"是怎样在北京大学本科专业教育的制度躯壳下生根发芽的，二者在共生的过程中经历了怎样的冲突与调整？"通"与"专"的内涵发生了怎样的变化？

上述两个问题背后的实指是：

1. 中国高等教育本科人才培养模式在不同历史时期的实然状态如何？

2. 中国高等教育本科人才培养的历史过程中，究竟何为"通"？何为"专"？"通"与"专"的本土化内涵及相互关系发生了怎样的演变？

这里要特别说明如下两个问题：

1. 关于时间节点的划分。本研究之所以将 1952 年和 1998 年设定为研究的起止点，是因为 1952 年是院系调整完成，北京大学乃至全国高等教育领域开始全面学习苏联"专业教育人才培养模式"的起点。1998 年百年校庆之后，

---

12 王生洪，〈追求大学教育的本然价值——复旦大学通识教育的探索与实践〉[J]，《复旦教育论坛》，2006 年第 5 期，第 5-10 页。

北京大学全面启动"创建世界一流大学计划"（1999），明确提出"参考哈佛大学核心课、专业课、选修课的三级体制"，"在大学本科第一年或前两年的基础教学中，打破专业和学科的分界，为学生提供最基本的几个领域的多学科交叉综合的精品课程……然后再分流进入各院系的专业学习阶段。"[13]这标志着北京大学开始从"专业教育人才培养模式"转向美国"通识教育人才培养模式"。可以说，1952-1998 年之间是北京大学自主探索本科专业教育人才培养模式的重要阶段。

2. 关于"本科"概念的说明。在中国高等教育领域，本科这个概念是在 20 世纪 80 年代才随着《中华人民共和国学位制度》的颁布明确出现的，不过，这并不意味着在此之前不存在本科阶段。事实上，在新中国成立之后的高等教育实践中一直存在大学和研究生两个不同阶段的学历教育。为了表述的方便，本研究统一使用"本科"这个概念指代我国高等学校研究生之前的教育阶段。

1.2 文献综述

1.2.1 有关我国高等教育本科人才培养模式的研究

教高[1997]2 号《高等教育面向 21 世纪教学内容和课程体系改革计划》首次将"人才培养模式"表述为"学校为学生构建的知识、能力、素质结构，以及实现这种结构的方式，它从根本上规定了人才培养特征并集中地体现了教育思想和教育观念"，并明确"构建适应 21 世纪政治、经济、文化发展需要的人才培养模式是当前深化教育教学改革的关键"。这之后，我国人才培养模式的改革实践和理论探究出现了一个高潮。相关研究集中在对人才培养模式的概念辨析以及对高校人才培养模式改革实践的研究上。

对高等教育人才培养模式的概念辨析。有关人才培养模式的概念存在广义和狭义两种。广义的培养模式说[14][15][16]认为培养模式包括对培养过程的设

---

13 《北京大学文科基础教学体系改革研讨会纪要》（1999）[Z]，北京大学档案馆馆藏，档号：6122000-1203。

14 俞信，〈对素质和人才培养模式的基本认识〉[J]，《工程教育研究》，1997 年第 4 期，第 9-11 页。

15 曾冬梅、黄国兴，〈人才培养模式改革的动因、层次与含义〉[J]，《高等工程教育研究》，2003 年第 1 期，第 21-24 页。

16 李志义，〈谈高水平大学如何构建本科培养模式〉[J]，《中国高等教育》，2007 年

计规划（培养目标、培养制度）、培养过程以及对培养过程的管理（培养评价）三大模块。狭义的培养模式说[17][18][19]认为人才培养模式包括培养什么样的人（培养目标）和怎样培养人（培养方式方法）两个方面。不难发现，上述两种认识的根本差异在于广义说把人才培养模式看作是一个动态的管理过程，狭义说把人才培养模式看作是一种静态的方式方法。本研究采用狭义说来界定本科人才培养模式。

对高等教育人才培养模式具体改革实践的研究。（1）对其他国家人才培养模式的介绍。张晓鹏[20]从以学生为中心、课内与课外结合、科学与人文结合、教学与研究结合等四个方面介绍了美国大学创新人才的培养模式。吴伟等人[21]对德国创业型大学疏通学生个性化发展渠道、把最新科技成果和实践训练融入人才培养、增强多学科工作能力、强化人才培养的适应性等人才培养方式做了详细介绍。伍红林[22]对 21 世纪初日本高等教育本科培养目标的转变和变革的具体措施进行了探讨。（2）对我国不同类型高校人才培养模式实践的探究。张胤、付景川等人[23][24]分析了研究型大学本科人才培养模式的特点、问题及改进策略，徐理勤等人[25][26]对应用型本科人才培养模式及运行条件

第 15 期，第 34-36 页。

17　龚怡祖，〈略论大学培养模式〉[J]，《高等教育研究》，1998 年第 1 期，第 86-87
　　页。

18　杨杏芳，〈论我国高等教育人才培养模式的多样化〉[J]，《高等教育研究》，1998
　　年第 6 期，第 72-75 页。

19　李文鑫、黄进，《跨学科人才培养的理论研究》[M]，武汉：武汉大学出版社，2004
　　年。

20　张晓鹏，〈美国大学创新人才培养模式探析〉[J]，《中国大学教学》，2006 年第 3
　　期，第 7-11 页。

21　吴伟、邹晓东、陈汉聪，〈德国创业型大学人才培养模式探析——以慕尼黑工业大
　　学为例〉[J]，《高教探索》，2011 年第 1 期，第 69-73 页。

22　伍红林，〈21 世纪初日本高等教育本科人才培养模式变革探析〉[J]，《现代教育科
　　学》，2005 年第 1 期，第 43-46 页。

23　张胤，〈论研究型大学本科人才培养模式的特点〉[J]，《清华大学教育研究》，2008
　　年第 2 期，第 108-112 页。

24　付景川、姚岚，〈研究型大学本科人才培养模式：问题及改进策略〉[J]，《教育研
　　究》，2010 年第 6 期，第 77-82 页。

25　徐理勤、顾建民，〈应用型本科人才培养模式及其运行条件探讨〉[J]，《高教探索》，
　　2007 年第 3 期，第 57-60 页。

26　王青林，〈关于创新应用型本科人才培养模式的若干思考〉[J]，《中国大学教学》，
　　2013 年第 6 期，第 20-23 页。

展开探讨。刘丽梅等人[27]利用大量历史档案资料，从理论教学、实践教学、学习检查三方面分析了1950年代上海交大工科专业人才培养体系，并指出了对当下中国高等工程教育的启示。韩立云[28]从历史的角度梳理了民国时期北京大学的人才培养模式。

从上述本科人才培养模式的研究现状可以看到，目前本科人才培养模式的研究大多还停留在宏观层面探讨其"应然"的状态，对本科人才培养模式的"实然"状态研究较少，尤其缺乏从历史的纵深角度梳理本科人才培养模式的变迁过程。

1.2.2 有关通识教育理念和本土实践的研究

本研究以本科人才培养模式为切入点，探讨的根本问题还是不同时期"通"在专业教育之下的呈现样态及其背后的共生逻辑，因此有关通识教育理念与实践的研究是本文要重点关注的方面。近年来西方国家对于通识教育的研究集中在如何建立对通识教育效果的有效评价机制以及在此基础上对通识教育实施效果的评估实践上[29][30][31]（西方历史上有关通识教育的研究将在下文对于通识教育概念的梳理中展开）。相比之下，由于"通识教育"这一概念引入我国的时间还不久，我国对于通识教育的研究还停留在对于概念的辨析以及对我国通识教育实践如何开展、通识教育课程如何建设的研究上。

对通识教育概念的辨析。对通识教育概念本身的辨析主要集中在通识教育理念进入中国之初。如李曼丽博士认为"通识教育是高等教育的组成部分，是所有大学生都应该接受的非专业性教育；就其目的而言，通识教育旨在培养积极参与社会生活的、有社会责任感的、全面发展的社会的人和国家的公

---

27 刘丽梅、姜玉平，〈苏联专家与新中国建立初期高等工科人才培养模式的确立——以交通大学为例〉[J]，《高等工程教育研究》，2018年第9期，第189-195页。

28 韩立云，《民国时代北京大学人才培养模式研究（1917-1937）》[D]，南京大学博士论文，2013年。

29 Western Carolina University, General Education: A literature Review [EB/OL]. http://www.wcu.edu/WebFiles/PDFs/GenEdLitReview-Final.pdf,September 25th, 2015.

30 The American Association of Colleges and Universities. List of "promising general education models" [EB/OL]. http://www.aacu.org/resources/generaleducation/promis-ingmodels.cfm, April 10th, 2015.

31 Northern Illinois University, High-Impact, Integrative General Education at Northern Illinois University [EB/OL]. http://www.aacu.org/campus-model/high-impact-integrat-ive-general-education-northern-illinois-university, Janurary 23rd, 2016.

民；就其内容而言，通识教育是一种广泛的、非专业性的、非功利性的基本知识、技能和态度的教育。[32]"鲁洁教授认为"通识教育就是一种教育的理念，教育所指向的价值目标，而不是指某一项教育的举措，如增加某门课程，改变某种方法之类。[33]"香港中文大学教授何秀煌认为"通识教育是一种观念、思想……当我们论及通识教育时我们的意思是大学教育不应该太专门了。[34]"台湾大学教授黄俊杰认为"通识教育就是一种建立人的主体性并与客体情境建立互为主体性关系的教育，也就是一种完成人之觉醒的教育。[35]"虽然从上述表述中看，有关通识教育的内涵还缺乏统一的共识，但大家都认可通识教育是相对于过于专门的"专业教育"而言的，都指向"人的全面发展"。

对通识教育和专业教育之间关系的辨析。早在 20 世纪 40 年代，梅贻琦就指出，大学教育"应在通而不在专"、"通识为本，专识为末"[36]。潘光旦认为"专门教育固属重要，但专门教育必须建筑在良好的普通教育之上，才不至于发生流弊。[37]"这种讨论在全面学苏"高等教育不培养大而无当的通才[38]"论调下消失了多年。20 世纪 90 年代以来，随着通识教育概念的引入，有关通识教育和专业教育关系的讨论又多了起来，如李曼丽博士认为"大学本科教育应该是专业教育与通识教育相结合的教育"[39]，季诚钧博士提出通识教育是专业教育的"补充和纠正"、"延伸和深化"、"灵魂和统帅"[40]，陈向明教授认为"通识教育与专业教育并非分离的关系，后者包含在前者之中，是前者的

32 李曼丽，《通识教育——一种大学教育观》[M]，北京：清华大学出版社，1999 年，第 17 页。

33 鲁洁，〈通识教育与人格陶冶〉[J]，《教育研究》，1997 年第 4 期，第 16-19 页。

34 何秀煌，《大学通识教育再思考——华人地区大学大学通识教育的理念、制度、课程与教学》[A]，《华人地区大学通识教育学术研讨会与会论文集》[C]，香港：香港中文大学通识教育办公室出版，1997 年，第 157 页。

35 黄俊杰，《大学通识教育的理念与实践》[M]，武汉：华中师范大学出版社，2001 年，第 30 页。

36 梅贻琦，〈大学一解〉[J]，《清华学报》，1941 年第 1 期，第 1-12 页。

37 潘光旦，《潘光旦文集（第五卷）》[M]，北京：北京大学出版社，2000 年，第 402 页。

38 《从苏联高等教育的经验略谈几个问题——苏联专家 1950 年第一次全国高等教育会议上的发言》（1950）[Z]，北京大学档案馆馆藏，档号：3。

39 李曼丽，〈再论面向 21 世纪高等本科教育观——通识教育与本科教育相结合〉[J]，《清华大学教育研究》，2000 年第 1 期，第 81-87 页。

40 季诚钧，〈试论大学专业教育与通识教育的关系〉[J]，《中国高教研究》，2002 年第 3 期，第 48-50 页。

组成部分，而不应游离其外，或与之并列。[41]"周光礼教授认为"专业教育是现代高等教育的本质，通识教育只是有益补充"、"通识教育的目的可以通过专业科目来实现"[42]。不难发现，虽然通识教育受到极大的重视，但随着文明程度的增加，每个人都必须"精通一门专业，而不是绕过它[43]"的认识也成为了共识。于是，上述研究无一例外的认为通识教育和专业教育并非矛盾和对立的，也不存在厚此薄彼的关系，而是相互联系、相互补充的有机体。

关于**通识教育和文化素质教育之间关系的研究**。通识教育是美国高等教育的本土化创新，文化素质教育则是我国高等教育的本土化创新[44]，二者都以培养完整的、有教养的、高素质的人为宗旨。有关这二者的关系有很多讨论。王义遒认为"文化素质教育是大陆高校开展通识教育的先导，通识教育也可作为开展文化素质教育的一种形式和具体措施[45]。（通识教育）与养成教育共同构筑起文化素质教育的实施方式。[46]"杨叔子认为（文化素质教育）"较之通识教育具有更全面、更丰富、更深刻的内涵，也更符合我国高等教育的发展要求。[47]"曹莉提出要"在通识教育中贯穿文化素质教育理念，在文化素质教育的基础平台上实施通识教育，从而进一步充实和完善文化素质教育的内容和内涵。[48]"不难发现，所有对于通识教育和文化素质教育关系的论述都承认二者有重叠和共通的部分。

有关**通识教育本土实践的研究**。随着通识教育实践在我国高校的全面铺开，有关通识教育实践的研究也同步展开。李克安教授以"元培计划"为例

41 陈向明，〈从北大元培计划看通识教育与专业教育的关系〉[J]，《北京大学教育评论》，2006 年第 3 期，第 71-85 页。

42 周光礼，〈论高等教育的适切性——通识教育与专业教育的分歧与融合研究〉[J]，《高等工程教育研究》，2015 年第 2 期，第 62-69 页。

43 [美]欧内斯特·博耶著，《美国大学教育》[M]，复旦大学高等教育研究所译，上海：复旦大学出版社，1988 年，第 131 页。

44 杨叔子、余东升，〈文化素质教育与通识教育之比较〉[J]，《高等教师研究》，2007 年第 6 期，第 1-7 页。

45 王义遒，〈大学通识教育与文化素质〉[J]，《北京大学教育评论》，2006 年第 3 期，第 2-9 页。

46 王义遒，〈文化素质教育与通识教育关系的再认识〉[J]，《北京大学教育评论》，2009 年第 3 期，第 99-111 页。

47 杨叔子、余东升，〈文化素质教育与通识教育之比较〉[J]，《高等教育研究》，2007 年第 6 期，第 1-7 页。

48 曹莉，〈关于文化素质教育与通识教育的辩证思考〉[J]，《清华大学教育研究》，2007 年第 2 期，第 24-33 页。

介绍了北京大学通识教育的经验，并对北大通选课体系做了详细的说明[49]。乐毅通过本科通识教育的核心课程、讨论课、研究生助教制度等内容，探讨了复旦课程与教学管理、教学范式改革，以及本科通识教育改革的路径与方法[50]。苏芃、李曼丽等人介绍了清华大学通识教育课程建设中的困惑和设想，建议高校在通识教育初建阶段引入 OBE 框架[51]。洪明[52]、冯增俊[53]等人介绍了台湾通识教育实践的情况，陈卫平[54]、冯增俊[55]等人介绍了香港通识教育实践的情况，徐辉[56]、庞海芍[57]等人还对大陆、台湾、香港的通识教育实践进行了比较。除了对通识教育实践的横向比较之外，冯惠敏[58]还系统地对中国现代大学自清末经民国时期到新中国成立初期、"文革"时期、改革开放以来通识教育的发展历程做了细致的梳理，这为今天的通识教育实践提供了有益的启示。

　　上述有关通识教育理念的本土研究大多都停留在对于抽象概念的探讨层面，缺乏对于通识教育及其相关概念在具体高等学校通识教育实践中的表现及内涵研究；现有对于通识教育实践的研究则多聚焦于当下的通识教育实践，纵向的对于不同历史时期通识教育实践的比较研究较少，且未涉及通识教育与专业教育之间关系的梳理。

---

49 李克安，〈元培计划与通识教育〉[J]，《复旦教育论坛》，2006 年第 1 期，第 7-9 页。

50 乐毅，〈复旦本科通识教育改革的经验及启示——核心课程、讨论课、助教制〉[J]，《理工高教研究》，2008 年第 2 期，第 58-61 页。

51 苏芃、李曼丽，〈基于 OBE 理念，构建通识教育课程教学与评估体系——以清华大学为例〉[J]，《高等工程教育研究》，2018 年第 3 期，第 129-135 页。

52 洪明，〈台湾的通识教育〉[J]，《高等工程教育研究》，1997 年第 4 期，第 13-17 页。

53 冯增俊，〈中国台湾高等学校通识教育探析〉[J]，《比较教育研究》，2003 年第 12 期，第 38-43 页。

54 陈卫平、刘梅龄，〈香港中文大学的通识教育及启示〉[J]，《高等教育研究》，1987 年第 7 期，第 74-78 页。

55 冯增俊，〈香港高校通识教育初探〉[J]，《比较教育研究》，2004 年第 8 期，第 66-70 页。

56 徐辉、季诚钧，〈中国大陆、香港、台湾地区高校通识教育之比较〉[J]，《比较教育研究》，2004 年第 8 期，第 61-65 页。

57 庞海芍，〈台湾高校的通识教育及其对大陆高校文化素质教育的启示〉[J]，《教育与职业》，2010 年第 2 期，第 22-25 页。

58 冯惠敏，《中国现代大学通识教育》[M]，武汉：武汉大学出版社，2004 年。

1.2.3 有关苏联模式及其对中国高等教育影响的研究

新中国成立之后，我国高等教育体系基本照搬了苏联模式。现实的高等教育人才培养模式改革，事实上就是对苏联模式的不断认识和扬弃。因此，要分析现实的高教改革，必然要理清苏联模式及其对中国高等教育的影响。目前相关研究主要集中如下几个方面：

有关苏联教育高等教育本身的研究。张星男对沙俄"彼得一世-叶卡特琳娜一世"时期和苏联"列宁-斯大林"时期发展和改革高等教育方面的做法和思维进行了系统的梳理和提炼[59]；王义高等人[60]按照历史顺序梳理了 1917 年到 1991 年之间苏联教育理念与实践的发展变化过程；黄福涛[61]从高等教育的数量、机构类型和课程设置等方面，探讨了苏联高等教育模式的形成过程，并指出我国高等教育学习的苏联模式是 20 世纪 30 年代形成的苏联高等教育体制。

有关苏联模式及我国全面学苏具体过程的研究。杨东平[62]追述了院系调整的动机、过程及结果，指出以苏联为师严重削弱了文科和综合性大学，导致我国人才培养过程过于狭窄和专门；日本学者大冢丰[63]对苏联模式的课程改革进行了翔实的考证，他认为经过苏联模式的改造，中国高等教育完全否定了过去博雅教育式的课程，形成了按照专业设置课程、专业教育色彩浓厚的课程结构；胡建华[64]抛开院系调整的大学体制改革视角，从以专业设置为中心的大学教学制度改革入手，分析社会主义大学教学制度形成的过程及其特点；鲍嵘[65]详实地梳理了自 1949 年旧大学被接管改造，到 1954 年中国第一份学科专业目录颁行实施，从而建立起一种以专业设置与布点为基本手段、

---

59 张男星，《俄罗斯高等教育体制变革研究》[D]，华东师范大学，2002 年。

60 王义高、肖甦，《苏联教育 70 年成败》[M]，北京：北京师范大学出版社，1999 年。

61 黄福涛，〈苏联高等教育模式形成的历史考察〉[J]，《清华大学教育研究》，2002 年第 5 期，第 57-64 页。

62 杨东平，〈中国高等教育的苏联模式——关于 1952 年的院系调整〉[J]，《东方》，1994 年第 3 期。

63 [日]大冢丰，《现代中国高等教育的形成》[M]，黄福涛译，北京：北京师范大学出版社，1998 年。

64 胡建华，《现代中国大学制度的原点：50 年代初期的大学改革》[M]，南京：南京师范大学出版社，2001 年。

65 鲍嵘，《学问与治理——中国大学知识现代性状况报告（1949-1954）》[M]，上海：学林出版社，2008 年。

以课程管理的中央化和统一化为基本特点的学问体制的全过程；谢雪峰[66]以中国高等教育与苏联模式的关系为中心，分析了苏联高教体系及其模式的形成过程，以及我国全面学苏的情况及在此基础上形成的新中国的高等教育体系；吴全华[67]系统梳理了我国高等教育向苏联模式所习得的人才培养模式、管理模式、教学制度和建筑风格，他认为现在中国高等教育苏联模式的印记仍然十分明显，具体表现在：大学以专业为单位培养人才的模式从未发生根本改变、教育管理高度集权的现象仍很严重、教育仍是内政外交的手段、教育整体上仍是重技轻文。

还有些研究关注苏联模式对中国高等教育产生的长远影响。姚启和[68]集中研究了 1957-1960 年教育大革命和 1961-1965 年"调整、整顿"两个阶段对 20 世纪 50 年代初期形成的苏联模式的尝试突破、调整总结和部分回归。陈兴明[69]以苏联模式大学课程体系的形成、反思与修正、突破为主线，把新中国 60 年中国大学课程体系改革划分为六个阶段：1949-1956 年以苏联模式为蓝本的课程体系形成阶段；1957-1960 年"教育大革命"对苏联模式的偏离阶段，1961-1965 年"调整、整顿"时期向苏联模式的回归阶段、1966-1976 年文化大革命时期对苏联模式的彻底改造阶段、20 世纪 80 年代对苏联模式尝试性突破的探索阶段、20 世纪 90 年代突破苏联模式的全面实践阶段。基于对上述阶段的分析解读，作者提出了有关未来课程体系改革走向的思考。

上述有关苏联模式及其对中国高等教育改造与影响的研究全部是从宏观和中观层面做出的，即使研究中涉及了微观层面某些高校的具体做法（如中国人民大学、哈尔滨工业大学[70]等），也未能全面深入地展开。并且，上述研究笼统地将所有高等院校的改革看作是一样的，没有意识到综合性大学和单科学院在全面学苏中的显著差异。

---

66 谢雪峰，《从全面学苏到自主选择——中国高等教育与苏联模式》[M]，武汉：华中科技大学出版社，2004 年。

67 吴全华，〈我国教育改革发展须祛除的苏联模式〉[J]，《教育现代化》，2015 年第 2 期，第 36-45 页。

68 姚启和，〈艰难的抉择：突破苏联教育模式〉[J]，《高等教育研究》，1994 年第 2 期，第 1-5 页。

69 陈兴明，《中国大学"苏联模式"课程体系的形成与变革》[M]，北京：社会科学文献出版社，2012 年。

70 注：1951 年，中国人民大学和哈尔滨工业大学被确定为我国高等教育学习苏联的首批院校。

1.2.4 有关北京大学本科人才培养的相关研究

关于新中国成立以来北京大学本科人才培养的相关研究主要由北京大学教务部门参与具体改革过程的政策制定者、参与者及相关教育学者展开。其议题主要集中在如下几个方面：

北京大学本科人才培养的历史变迁研究。杜勤、雎行严等人[71]运用大量档案资料，结合时代背景翔实地回顾了 1998 年之前北京大学每一次学制变革的讨论过程和教学计划的呈现过程。研究还通过对不同专业教学计划的比较，以及对不同时期教学计划学分要求、课程结构分布的变化比较，直观呈现了北大本科教学改革的纵横变化。如果说杜勤、雎行严等人研究的侧重点在北大学制和教学计划的具体变化，那么曾先后担任北京大学教务长、副校长的王义遒教授[72][73][74][75]则从更上位的角度，首先剖析北京大学在不同阶段本科人才培养的目标如何？进而探讨基于本科人才培养目标的课程体系应如何建设？教师队伍应如何建设？最后落脚到专业的设置和教学计划的安排，以及教材的建设和教学组织形式的选定过程。

对于北京大学通识教育实践的研究。李曼丽博士是国内最早开始研究通识教育的学者之一。她不仅对通识教育的概念、历史发展、类型和表现做了认真梳理，就通识教育在中国高等教育中的反映、发展现状及问题作了阐述和讨论，还以北京大学及其他 7 所北京高校为例，分析了其公共基础课和文化素质教育课程的设置和实施情况[76]。在李曼丽博士与林小英博士合作的另一本著作《后工业时代的通识教育实践：以北京大学和香港中文大学为例》[77]中，作者又进一步梳理了 1997-2000 年北京大学通识教育课程与教学的情况

71 杜勤、雎行严，《北京大学学制沿革》[M]，北京：北京大学出版社，2000 年。
72 王义遒，《谈学论教集》[M]，北京：北京大学出版社，1997 年。
73 王义遒、孙桂玉、王文清，《文理基础学科的人才培养》[M]，北京：北京大学出版社，2005 年。
74 王义遒，《探索新型综合大学——王义遒教育文选》[M]，武汉：华中科技大学出版社，2018 年。
75 王义遒，《行行重行行——王义遒口述史》[M]，武汉：华中科技大学出版社，2019 年。
76 李曼丽，《通识教育——一种大学教育观》[M]，北京：清华大学出版社，1999 年。
77 李曼丽、林小英，《后工业化时代的通识教育实践：以北京大学和香港中文大学为例》[M]，北京：民族出版社，2003 年。

和面临的问题。陈向明教授[78][79][80][81][82][83]在 20 世纪 90 年代后期对哈佛模式的介绍以及对北京大学学生及用人单位的调研直接促成了北京大学通识教育改革的实施，并在某种程度上决定了北大通识教育实践开展之初对"哈佛模式"的模仿。在北大通识教育实践开展几年之后，她又通过研究清醒地指出了北京大学通识教育实践中存在的种种问题。这些都深刻影响了北京大学通选课的设置与改革，以及本科人才培养模式的调整。卢晓东博士对 2000 年之后北京大学的通识教育实践进行了较多的研究。他提出，以通选课为代表的通识教育是学生选择专业的基础[84]，以元培计划为代表的本科生院是一流本科教育组织模式变革重要方向[85]。此外，北大教务部门人员从管理角度介绍了通选课及其最新发展——通识教育核心课[86]的相关情况。

对于北京大学通识教育与专业教育冲突的研究。刘云杉教授[87]基于大量访谈、座谈以及对于北大本科教育改革历史的回顾，考察了北京大学"广泛涉猎下的课程数量膨胀"、"严苛考评权力下的竞争主义"、"个体的理性经营和表现技艺"等多重人才选拔逻辑，并借此展现了通识教育和专业教育在北京大学形式上冲突、实质上割裂的状态。研究者指出：在有限的学分与学习时间之内，通识教育和专业教育之间有竞争关系。如果通识教育仅仅体现为"广泛涉猎、略知皮毛"，实际上更有可能"博而不通"，相应地，专业教育也

---

78 陈向明，〈对通识教育有关概念的辨析〉[J]，《高等教育研究》，2006 年第 3 期，第 64-68 页。

79 陈向明，〈大学本科通识教育实践研究〉[J]，《大学研究与评价》，2008 年第 4 期，第 91-96 页。

80 陈向明，〈美国哈佛大学本科课程体系〉[J]，《外国教育资料》，1996 年第 5 期，第 65-69 页。

81 陈向明，〈美国哈佛大学本科课程体系的四次改革浪潮〉[J]，《比较教育研究》，1997 年第 3 期，第 21-27 页。

82 陈向明、李文利、崔艳红、宋映泉，〈综合大学理科人才素质与课程体系研究〉[J]，《高等教育研究》，1997 年第 1 期，第 55-60 页。

83 陈向明、宋映泉、李春燕、丁延庆、李文利，〈我国的人才市场需要什么样的大学毕业生〉[J]，《高等教育研究》，1998 年第 1 期，第 68-79、70-71 页。

84 卢晓东，《我们为什么提倡通识教育？》[N]，《北京日报》，2010-05-05(15)。

85 卢晓东，〈本科生院是一流本科教育组织模式变革的重要方向〉[J]，《中国大学教学》，2017 年第 4 期，第 10-16 页。

86 冯倩倩、曹宇、邱小立，〈从通选课到通识教育核心课——北京大学通识教育选修课的建设与发展〉[J]，《北京教育（高教）》，2016 年第 4 期，第 71-73 页。

87 刘云杉，〈自由选择与制度选拔：大众高等教育下的精英培养〉[J]，《北京大学教育评论》，2017 年第 4 期，第 38-74、186 页。

将"专而不精"。事实上，通识与专业教育之间是相互嵌套，彼此融合，共同成就与完成的，不可以将浑然一体的学习过程分割开来。

上述有关北京大学本科人才培养及通识教育方面的研究往往是研究者对其本人所处时代人才培养状况的笼统梳理，涉及人才培养过程中通识与专业冲突的研究还不多见，且缺乏对于北大本科人才培养历史纵深性的深入挖掘。

1.3 关键概念

本研究要探讨的是 1952 年至 1998 年之间，北京大学有关培养什么样的人以及如何培养这样的人的认识经历了怎样的变化？在这个变化过程中，通与专的内涵和关系又发生了怎样的变迁？因此，该项研究必须对通识教育和专业教育的相关概念做全面的回顾，以为后续研究奠定基础。

1.3.1 通识教育的产生与发展

1.3.1.1 自由教育：通识教育的历史渊源

作为近代高等教育的一种重要思想与实践，通识教育（general education）源自于古代西方的自由教育（liberal education）思想。虽然二者在社会政治、经济基础、教育对象、教育目的、教育内容等方面有所不同，但无论是自由教育还是通识教育，其基本宗旨都是要给予人全面知识的教育，发展人认识自我、认识社会、认识世界的理性或能力。因此，要认识通识教育，必须追溯作为其历史渊源的自由教育的产生与发展情况。

根据是否有阶级性，自由教育（liberal education）可以分为古典自由教育和现代自由教育。

（1）古典自由教育

亚里士多德的自由教育思想。自由教育的思想起源于古希腊-罗马时代。这一理念产生的社会制度基础是古希腊自由人和奴隶的划分。在这个划分基础上，亚里士多德把教育分为自由人的教育（liberal education）和非自由人的教育（illiberal education）。所谓自由人的教育，即适合于"自由人"兴趣、需要和职责的教育[88]。它"不立足于实用，也不立足于必需，而是为了自由而高

---

88 石中英，〈自由教育三题〉[J]，《湖南师范大学教育科学学报》，2003 年第 2 期，第 3-7 页。

尚的情操"[89]，它"着眼于一些闲暇的教育课程，如文学、哲学、修辞、文法、音乐等，这些教育和学习只为了自身范围的事物"[90]，为享受闲暇生活做准备。相比自由教育，非自由人的教育则是以谋生和领取酬金为目的，"工匠贱业的种种技艺"[91]为主要教育内容。可见，只有无需为生计奔波、操劳，具有足够的闲暇的自由人，才可能不去从事各种贱业，他们通过自由教育实现自我理性的发展和德性的完善。自由教育作为高等教育的一个阶段从一开始就是少数人的特权[92]，具有明显的阶级性，是一种精英教育。

施特劳斯的自由教育思想。 近代古典自由教育思想的重要代表人物是施特劳斯，他的自由教育理念与亚里士多德一脉相承。基于对现代性危机的深刻洞察，施特劳斯认为，现代民主制度受控于大众文化，大众仅仅看到事物表面的现象，他们缺乏引导以至于不能统治自己的生活。因此，我们需要一种普遍的贵族制度，这需要自由教育来唤起人的卓越。"自由教育是在文化之中或朝向文化的教育，它的成品是一个有文化的人[93]"，这种教育要求按照心灵的本性去培育心灵，从而提升心灵的品质。施特劳斯的自由教育致力于对过去最深邃的思想家著作的研究，旨在通过与历史上思想权威的对话，去拯救现代性的危机。值得注意的是，施特劳斯认为接受自由教育的精英并不是社会分层意义上的，而是指向那些与放任自流的大众相对应的对自己严格要求的、以责任义务为高贵使命的精英。

（2）现代自由教育

纽曼的自由教育思想。 17-18世纪，启蒙运动思想家完成了对于人的理性本质的发掘。随着理性和科学取代了宗教和信仰，自然科学的发展及其在社会生活中的地位越来越高。十八世纪末法国和美国爆发的政治革命宣布了人人都应该有政治自由，英国的工业革命则导致了一个人人都参加工作，同

---

89 《亚里士多德全集（卷9）》[M]，苗力田译，北京：中国人民大学出版社，1994年，第275页。

90 《亚里士多德全集（卷9）》[M]，苗力田译，北京：中国人民大学出版社，1994年，第274页。

91 《亚里士多德全集（卷9）》[M]，苗力田译，北京：中国人民大学出版社，1994年，第272页。

92 [美]约翰·S·布鲁贝克著，《高等教育哲学》[M]，郑继伟、张维平、徐辉、张民遗译，王承绪校，杭州：浙江教育出版社，1987年，第76页。

93 [美]施特劳斯，《自由教育与责任》[A]，刘小枫、陈少明主编，《古典传统与自由教育》[C]，北京：华夏出版社，2005年，第2页。

时闲暇时间日益增多的社会的产生[94]。于是，专注于古典人文学科的自由教育由于一味地排斥科学技术，且具有强烈的阶级属性，逐渐显得保守和落后了。在英国高等教育内部，新思潮与旧传统产生了剧烈的文化冲突。一方面，以自由教育为特征的古典大学如牛津与剑桥固执地坚守自我，另一方面，新创办的以职业教育为特征的新型大学如伦敦大学表现灵活，此外还有德国以研究为中心的大学模式给英国大学造成了很大的冲击。面对这种冲突，英国高等教育思想家纽曼坚持捍卫英国自由教育的传统，并赋予其新的意义。纽曼承认，新型以应用技术为主要学科领域的大学以及德国以科研为中心的大学都有其合理性，然而，它们都忽视了人的问题。在纽曼看来，"大学是教授普遍知识的地方"[95]。普遍知识意味着大学是所有知识和科学、事实和原理、探索和发现、实验和思考的有效保护力量。这种普遍性是大学的本质特征[96]。仅仅教授应用技术的大学不符合大学的本质特征。而从中世纪到18世纪，大学的职能一直以来都是教学，因此纽曼也不同意大学为科研而设立、教学要服务科研的德国大学模式。他认为，大学的目的是理智的而非道德的；它以传播和推广知识而非增进知识为目的。他指出："如果大学的目的是进行科学的和哲学的发现，我不明白为什么大学要有学生，如果大学的目的是进行宗教训练，我不明白它如何能成为文学和科学的中心。"[97]

既然大学的职能是通过教学来培养人，那么究竟要培养怎样的人呢？针对专业教育迅速兴起，洛克、赫胥黎等人主张大学应以专业教育取代自由教育，培养实用专门人才的现实情况，纽曼提出，大学教育的目的是为了让学生适应这个世界，它既不把学生限定于特定的专业，也不创造英雄或鼓励天才，而是要成为"良好的社会成员"，也即是"绅士"[98]。绅士表现为"健全

---

94 [美]约翰·S·布鲁贝克著，《高等教育哲学》[M]，郑继伟、张维平、徐辉、张民遗译，王承绪校，杭州：浙江教育出版社，1987年，第84页。

95 [美]约翰·亨利·纽曼著，《大学的理念》[M]，高师宁、何克勇、何可人、何光沪译，北京：北京大学出版社，2016年，第1页。

96 [美]约翰·亨利·纽曼著，《大学的理念》[M]，高师宁、何克勇、何可人、何光沪译，北京：北京大学出版社，2016年，第1页。

97 [美]约翰·亨利·纽曼著，《大学的理念》[M]，高师宁、何克勇、何可人、何光沪译，北京：北京大学出版社，2016年，第1页。

98 [美]约翰·亨利·纽曼著，《大学的理念》[M]，高师宁、何克勇、何可人、何光沪译，北京：北京大学出版社，2016年，第151页。

的见识、清醒的思维，理性、公正、自制和稳定的见解"[99]。这是"较轻易地进入任何思想主题的保证，也是胜任任何学科或专业的保证"[100]。

纽曼对自由教育的坚持并不意味着他将自由教育和职业教育对立起来，相反，他在这一问题上对古典自由教育进行了时代的发展。他认为：虽然自由教育是智力培养的教育，在培养过程中，智力的培养并不趋向于特定的目标或偶然的目的，也不指向具体的职业、研究或科学，而是以对智力自身的追求为目标[101]。但是，自由教育和职业教育之间是可以和谐并存相互支持的，它们并不存在本质上的冲突。这是因为：首先，教育的功利基础是客观存在的——"我不否认具体和实用的东西的必要性或贬低其好处。……没有这些东西生活就无法进行，我们的日常福利都得依靠这些东西。"[102]合理恰当的功利并不会影响自由教育和职业教育的融合共处。其次，由于智力文化是善的，善的一定是有用的，因此，自由教育也是有用的实用的教育[103]。再者，从培养目标上看，自由教育和职业教育的培养目标不存在冲突。"一个人一旦学习过如何思维、推理、比较、鉴别、分析，一个人一旦提高了品味，形成了独立的判断力，擦亮了心眼……他的心智状态会允许他从事我所提到的任何一种学科或专业，或者从事任何别的他所喜好的或要求他具备特殊才能的专业。"[104]

耶鲁报告的自由教育思想。耶鲁学院成立于 1701 年，是美国最早成立的三所高校之一，一直坚持从创建就有的保守主义——对自由教育理念的坚守。19 世纪初的产业革命之后，美国工业迅速发展，大学忽略和排斥实用科目，坚持开设大量的古典课程，尤其是枯燥无味的古典语言课，引起了学生

---

99 [美]约翰·亨利·纽曼著，《大学的理念》[M]，高师宁、何克勇、何可人、何光沪译，北京：北京大学出版社，2016 年，第 7 页。

100 [美]约翰·亨利·纽曼著，《大学的理念》[M]，高师宁、何克勇、何可人、何光沪译，北京：北京大学出版社，2016 年，第 7 页。

101 [美]约翰·亨利·纽曼著，《大学的理念》[M]，高师宁、何克勇、何可人、何光沪译，北京：北京大学出版社，2016 年，第 5 页。

102 [美]约翰·亨利·纽曼著，《大学的理念》[M]，高师宁、何克勇、何可人、何光沪译，北京：北京大学出版社，2016 年，第 100 页。

103 [美]约翰·亨利·纽曼著，《大学的理念》[M]，高师宁、何克勇、何可人、何光沪译，北京：北京大学出版社，2016 年，第 142 页。

104 [美]约翰·亨利·纽曼著，《大学的理念》[M]，高师宁、何克勇、何可人、何光沪译，北京：北京大学出版社，2016 年，第 143 页。

和公众的不满[105]。美国社会普遍认为，美国高等教育要适应蓬勃发展的共和社会的需要，要改造传统学院实行的古典课程必修制度。为了维护耶鲁学院古典教育的地位，耶鲁大学发表了著名的《耶鲁报告》。《耶鲁报告》认为，理想的大学教育不是选择最重要的分支学科当中某几个学科的片面教育，不是进行对所有知识都浅尝辄止的"散漫、空虚而草率的"[106]肤浅教育，也不是完成一个专业或职业教育的具体专业知识学习。大学教育应是一种完整教育，它是"广泛、深刻、坚实的"，打下完全教育的基础需要对所有重要的智力和才能进行锻炼。所以，在学院的课程中，要"在文科和科学各个不同分支之间保持一个合理的比例"[107]。

完全教育从本质上说就是秉承自由教育的传统。耶鲁报告认为，自由教育作为文理兼顾的训练法，能同时加强和扩大思维的才能，通晓人类的相关探索和理解相关重要物质的主要原则。相比专业教育，自由教育更致力于通晓那些在生活的任意情况下都是必须的或使其便利的话题，而专业教育则是让一个人更适应某一特定的情境、事业或就业状况。前者在时间上是先行的，而后者是在前者成为合适的基础上才能建立起来的。即通过完全教育，学生将通过与他人各种各样的、冲突的观点进行比较权衡，在每个关键点形成自己的观点。这之后，他们才可以自助选择最喜欢的科目进行学习，因为那时他们能根据实际判断做出选择[108]。可见，耶鲁报告中对自由教育的坚持并不排斥、否定职业教育的存在价值。同时，耶鲁报告认为，美国的共和政体意味着"完全教育"应延伸至所有阶层，不能因为所学课程与那些以后希望从事职业发展的人的需求不统一，就将这类人拒之门外。大量的前期训练有助于明确前进的方向[109]。自由教育的阶级性在这里也被消解了。具体到自由教

---

105 罗杰·L·盖格、刘红燕，〈美国高等教育的十个时代〉[J]，《北京大学教育评论》，2016 年第 4 期，第 126-145、196 页。

106 陈汉强、郭思霖、胡世君、匡德花、杨倩、翁海霞、辛东亮、康亚华、朱瑜瑜译，王璞校，〈耶鲁报告（一）〉[J]，《国际高等教育研究》，2008 年第 1 期，第 24-35、39 页。

107 陈汉强、郭思霖、胡世君、匡德花、杨倩、翁海霞、辛东亮、康亚华、朱瑜瑜译，王璞校，〈耶鲁报告（一）〉[J]，《国际高等教育研究》，2008 年第 1 期，第 24-35、39 页。

108 陈汉强、郭思霖、胡世君、匡德花、杨倩、翁海霞、辛东亮、康亚华、朱瑜瑜译，王璞校，〈耶鲁报告（一）〉[J]，《国际高等教育研究》，2008 年第 1 期，第 24-35、39 页。

109 陈汉强、郭思霖、胡世君、匡德花、杨倩、翁海霞、辛东亮、康亚华、朱瑜瑜译，

育要求所有人学习的古典学科，耶鲁报告认为古典研究奠定了正确品位的基础，有效地训练了意识形态，语言的理解和应用、公共文学知识作为一种广泛的人类内在品质也是专业学习的必要准备。

1.3.1.2 通识教育的产生和发展

（1）通识教育概念的出现

随着科学技术成为推动社会发展的最重要力量之一，专业教育和职业技术教育在世界范围内迅速发展，其不可抗拒的发展趋势使得自由教育的思想势力越来越弱。

在专业教育兴起之初，部分美国学院通过实行选修制允许选科或者选课。这一改革打破了传统的自由教育的课程制度，不同学生所学课程之间出现了很大的不同。"大学生学习的课程是否需要一些共同的部分（common requirements）"[110]？这在当时成为争论的焦点。帕卡德（Packard A S.）教授撰文为本科课程应该有共同部分这一观点进行辩护，他指出：我们学院预计给青年一种 general education，一种古典的、文学的和科学的，一种尽可能综合的（comprehensive）教育，它是学生进行任何专业学习的准备，为学生提供所有知识分支的教学，这将使得学生在致力于学习一种特殊的、专门的知识之前对知识的总体状况有一个综合的、全面的了解[111]。从上述表述不难发现，通识教育与传统的自由教育有着紧密的连带：它既是对自由和人文传统的继承[112]，又对崇尚理性主义的自由教育进行了实用主义的改造，它认为大学教学应该使一个学科的有关内容涉及另外一个学科，从而建立起学科之间的桥梁，课程与生活的密切联系也必须建立起来[113]。

（2）哈佛红皮书使通识教育走向制度化

在 19 世纪初及以后的一段时期里，帕卡德所提出的通识教育概念并未

王璞校，〈耶鲁报告（一）〉[J]，《国际高等教育研究》，2008 年第 1 期，第 24-35、39 页。

110 Thomas. R. The Search for A Common Learning: General Education 1800-1960 [M]. New York: Mc Graw-hill, 1962, p.13.

111 Packard. A. S. The Substance of Two Reports of the Faculty of Amherst College to the Board of Trustees, with the Doings of the Board thereon [J]. North American Review, 1829, vol. 28, p.300.

112 Harvard University. General Education in A Free Society [M]. Cambridge. Mass: Harvard University Press, 1945, p.52.

113 周光礼，〈论高等教育的适切性——通识教育与专业教育的分歧与融合研究〉[J]，《高等工程教育研究》，2015 年第 2 期，第 62-69 页。

引起太多注意。直到 20 世纪 30 年代中期以后，大学开始常常把恢复与共同必修课程有关的各种教学改革、实验冠以"通识教育"之名[114]。

1943 年，针对二战中出现的新问题，哈佛校长柯南特任命了来自文理学院和教育学院的 12 位专家教授，组织专门的委员会来筹划哈佛大学的本科教育，以探讨"通识教育在民主社会中的目的"。这次讨论形成的哈佛红皮书不仅反映了哈佛大学实施通识教育计划的指导思想和总体构想，揭开了哈佛大学全面实施通识教育的序幕，更是使得通识教育从几所高校的尝试变成全国性的运动。由此通识教育在美国大学走向了制度化[115]。红皮书指出，通识教育并不是关于"一般"知识的空泛的教育；也不是普及教育意义上的针对所有人的教育。它指学生整个教育中的一部分，该部分旨在培养学生成为一个负责任的人和公民。而专业教育这个术语，指的是旨在培养学生将来从事某种职业所需的能力的教育。这二者同为人的生活的两个方面，是不能完全分离的[116]。随着现代生活越来越依赖于专业化知识，学院中各种各样的学科领域仅仅是为生活中这样或那样的职业做准备。这种职业上的专业主义往往局部地削弱了学院所曾拥有的理论上的统一性[117]。虽然教育的多元化有许多优点，但它也破坏了社会赖以存在的教育培养及观念的共同基础。因此，红皮书试图从广义上的人的完整性而不是从狭义上个人能力角度来探讨教育如何为人生做准备。即旨在回答：培养人们走向千百种不同命运的专业化训练，与意在继承公共的精神遗产和培育公民的通识教育之间的正确关系应该是怎样的[118]？如何在一个专业主义必不可少的系统里挽救通识教育及其价值[119]以使学生成为既掌握某种特定的职业或技艺、同时又掌握作为自由人和公民的普遍技艺的专家[120]？

---

114 韩延伦，《大学生文化素质教育课程设计研究》[D]，华东师范大学，2003 年。

115 [美]哈佛委员会著，《哈佛通识教育红皮书》[M]，李曼丽译，北京：北京大学出版社，2017 年，第 2 页。

116 [美]哈佛委员会著，《哈佛通识教育红皮书》[M]，李曼丽译，北京：北京大学出版社，2017 年，第 40 页。

117 [美]哈佛委员会著，《哈佛通识教育红皮书》[M]，李曼丽译，北京：北京大学出版社，2017 年，第 28 页。

118 [美]哈佛委员会著，《哈佛通识教育红皮书》[M]，李曼丽译，北京：北京大学出版社，2017 年，第 2 页。

119 [美]哈佛委员会著，《哈佛通识教育红皮书》[M]，李曼丽译，北京：北京大学出版社，2017 年，第 41 页。

120 [美]哈佛委员会著，《哈佛通识教育红皮书》[M]，李曼丽译，北京：北京大学出

针对这个问题，红皮书回答说，通识教育的培养目标是在年轻人的头脑中"培育某些才能和态度"，以塑造"人在社会中的美好品性"。这一目标决定了通识教育应着重于培养人有效的思考能力、交流思想的能力、做出恰当判断的能力、辨别价值的能力[121]。这些能力最终指向的是一个整全的人，一个好人，好的公民和有用的人[122]。在通识教育和专业教育的关系上，红皮书认为，通识教育不仅为学生选择专业提供了足够的根基，而且还为学生充分发展其专业潜质提供了环境。专业化只有在更宽广的通识语境下才能实现其主要目的。通识教育是一个完全的、整合的有机体，专业教育是有机体的一个器官，它在有机体的整体范围内完成特殊的功能。专业教育教会学生能做什么和怎样去做，通识教育教会学生需要做什么以及为什么需要。通识教育是对事物之间有机联系的理解和认识，这种理解和认识赋予专业教育以意义[123]。在具体做法上，红皮书说，通识教育应该渗透在所有专业教育中。通识教育刻意从专业教育中分离出来是错误的，如果在某一时间用于通识教育，在这之后通识教育就停止了，接下来的另一时间段用于非通识教育，通识教育就无法对学生形成广泛而持久的影响。当然，如果通识教育完全成了专业中的或技术视野中的课程，或者以专业的、有时是职业的需求为目标，那么通识教育会受到损害[124]。哈佛在上述认识基础上提出了通识教育的课程方案[125]：即在学生学位要求的 16 门课程中，设置 6 门通识类课程，其中一门属于人文科学，一门属于社会科学，一门属于自然科学，这三门课程在一二年级以大班形式开设，另外三门是更高深一些的通识类课程，开设在三四年级，以小班研讨形式开展。

版社，2017 年，第 42 页。

121 [美]哈佛委员会著，《哈佛通识教育红皮书》[M]，李曼丽译，北京：北京大学出版社，2017 年，第 50 页。

122 [美]哈佛委员会著，《哈佛通识教育红皮书》[M]，李曼丽译，北京：北京大学出版社，2017 年，第 58 页。

123 [美]哈佛委员会著，《哈佛通识教育红皮书》[M]，李曼丽译，北京：北京大学出版社，2017 年，第 154 页。

124 [美]哈佛委员会著，《哈佛通识教育红皮书》[M]，李曼丽译，北京：北京大学出版社，2017 年，第 154 页。

125 [美]哈佛委员会著，《哈佛通识教育红皮书》[M]，李曼丽译，北京：北京大学出版社，2017 年，第 155 页。

1.3.1.3 通识教育的课程模式

随着通识教育的思想逐渐被美国各高校所认可，通识教育的课程计划逐渐形成了如下几种主要的课程模式[126]：

分布必修型（Distributed）：对学生必须修习的学科领域（一般为自然科学、社会科学和人文学科），以及在各领域内至少应修习的课程门数（或最低学分数）做出规定的通识教育课程计划[127]。它是 1909 年哈佛校长洛厄尔（Lowell）针对自由选修制（elective）导致的课程支离破碎和学生所学知识过分专业化而提出的。分布必修模式的出发点是一方面减轻古典核心课程的刻板性，另一方面解决自由选修课的随意性，从而让学生在掌握必要的基础知识和满足个人爱好、掌握实际技能之间获得平衡[128]。由于分布必修不需要改变学校的组织结构，很快成为最广泛采用的通识教育课程模式。然而，分布必修课程有其难以克服的缺陷：它几乎总是一些现有的入门课程，内容是介绍性的，概论性的，浅尝辄止的。通过这些课程的学习，学生什么事情都知道一星半点，"样样通样样松"，在每个领域都逊色于专业人士。因此，"它所做的事情只是真正的知识储备的初级产品，是已被学生丢弃的孩提时的玩意儿。没有对共同关注的重大问题的认识，就不可能有严肃的通识教育。[129]"

核心课程型（Core Curriculum）：一种综合传统独立学科中的基本内容，以向所有学生提供共同知识背景为目的的课程设置[130]。相比分布必修模式下通识教育课程通常按学科设课，目的在于让学生掌握某一学科的较为系统的入门性知识，核心课程强调课程设置要有利于培养学生成为具备各种能力（交流能力、推理能力等）的"有教养的人"。核心课程最早由哈佛大学校长柯南特提出，但是其理念一直未得到真正贯彻执行。直到 20 世纪 70 年代，哈佛真正开始推行核心课程，其被分为外国文化、文学艺术、历史、社会分

126 Steven Brint, Kristopher Proctor. General Education Models: Continuity and Change in the U. S. Undergraduate Curriculum,1975-2000 [J], The Journal of higher Education,2009, 80 (6), p.605-642.

127 李曼丽，《通识教育——一种大学教育观》[M]，北京：清华大学出版社，1999 年，第 79 页。

128 韩延伦，《大学生文化素质教育课程设计研究》[D]，华东师范大学，2003 年。

129 [美]艾伦·布鲁姆，《美国精神的封闭》[M]，战旭英译，冯可利校，南京：译林出版社，2011 年，第 293 页。

130 李曼丽，《通识教育——一种大学教育观》[M]，北京：清华大学出版社，1999 年，第 92 页。

析和道德观、科学等五大类。按规定，本科生在校期间必须修读 32 门课程，其中 16 门为专业课，8 门为选修课，8 门为核心课程。8 门核心课程必须在所提供的五大类 9 个领域中的 8 个领域各选一门课[131]。具体操作过程中，核心课程模式面临着一系列问题，首先，所谓的核心是否是真正的核心？布鲁姆质疑有教养的人所具备的批评精神、艺术和习惯、判断与鉴别能力等与课程的具体内容之间未必有那种密切的关系[132]，美国信托和校友委员会（The American Council of Trustees and Alumni，ACTA）则用"空心"（The Hollow Core）来比喻核心课程没有核心[133]。其次，通识核心课程课程是跨学科的，如哈佛大学的"文学功能和批评"，哥伦比亚大学的"现代文明"等，这类课程对教师要求过高，很可能达不到预想的效果，也无法向所有大学进行推广。

名著课程型（Great Books Program / Curriculum）：最早在第一次世界大战期间由哥伦比亚大学教授厄斯金（John Erskine）提出，其教学计划要求学生在大学的最后两年中，每周阅读一本经典著作，接着花几周时间进行讨论[134]，后经赫钦斯（Robert Maynard Hutchins）的发展，大大突出了名著在大学教育中的地位。赫钦斯认为，通识教育的目的就是培养人的"理智美德"，理智美德是"由智力能力的训练而获得的良好习惯。……不论学生是否注定从事于沉思的生活或实际的生活，由理智美德的培养所构成的教育是最有用的教育。[135]"然而，也有学者认为，"名著课程"助长缺乏能力的自学者的自信；一个人不可能自己阅读每一部巨著，只读巨著，他就永远不可能明白巨著与普通书籍相比为何是巨著；没有办法确定由谁来决定巨著或经典是什么；书是目的而不是手段；读经运动透着一种传播福音的难听腔调，有悖于美好的情趣；它造成一种接近伟大思想的虚假感觉[136]。

1.3.1.4 美国著名高校的通识教育实践

---

131 朱国宏，《哈佛帝国》[M]，上海：上海人民出版社，2002 年，第 125 页。

132 [美]艾伦·布鲁姆，《美国精神的封闭》[M]，战旭英译，冯可利校，南京：译林出版社，2011 年，第 294 页。

133 Barry Latzer. Common Knowledge: the Purpose of General Education [J], The Chronicle of Higher Education, 2004, 51 (7), p.20.

134 韩延伦，《大学生文化素质教育课程设计研究》[D]，华东师范大学，2003 年。

135 Hutchins. R. B. The higher Learning in America [M], New Haven Conn: Yale University Press, 1936, p.63.

136 [美]艾伦·布鲁姆，《美国精神的封闭》[M]，战旭英译，冯可利校，南京：译林出版社，2011 年，第 294 页。

哈佛大学的通识教育实践。虽然哈佛红皮书将通识教育看作是团结美国的重要途径，但是在实践过程中，很长的一段时间内，学生都仅仅被要求从人文科学、社会科学、自然科学领域若干门课程中任意选择一门进行学习（许多学生就以本系某些课程代替通识课程中的学分要求），学习的方式则多以讲座为主。倘若老师发生变化，则讲座的内容也就跟着改变。可见，提供共同学习经验的理念并未得到很好的贯彻，学生连最低层次的共同教育也没能接受。到了 1970 年代，面对学生们对通识课程与专业课程并无区别的指责，哈佛大学转变思路，提出在现代社会中，科技迅猛发展，知识信息量猛增，让学生习得所有具体知识已不可能，重要的是教会他们学习和掌握知识的方式方法。于是，这一时期的"通识课程"转向独立于各系的一组"核心课程"，门类扩展调整为文化与艺术、历史研究、社会与哲学分析、科学和数学、外语及文化等五大类，这些课程不允许由专业课代替，它们都强调掌握学科方法，以了解周围的世界，并在过程中培养学生的思维能力和判断能力。

哈佛大学的核心课程模式给其他高校甚至国外高校都带来了深远的影响，20 世纪 80 年代，芝加哥大学、哥伦比亚大学、麻省理工大学等高校也相继采用这种模式。然而，事实证明，这些脱离了严格内容的学习虽然帮助学生了解了不同学科看问题的角度，却由于"将方法至于内容之上，将途径置于知识之上"[137]忽略了学习的深度，效果强差人意。2009 年，哈佛启动新一轮改革，以全新的"通识教育课程"代替"核心课程"。这次改革的中心思想是：通识教育是一种前专业的教育，旨在通过跨学科的、多学科的课程给予学生更加宽广的知识面，以帮助其塑造积极主动的公民精神；教育学生了解自己是传统艺术、观念和价值的参与者和和结果，并对不同文明之间的差异和共同性有所理解；使学生对政治经济文化生活中出现的种种变化有足够的能力进行批判、应对和建构；使学生能够认识自身言行中的道德和伦理，并能理解其他文明价值体系的立足点。在这种思想指导下，哈佛的通识课程分布在审美与诠释的理解（Aesthetic and Interpretive Understanding）、文化与信仰（Culture and Belief）、实证与数学推理（Empirical Reasoning）、伦理推理（Ethical Reasoning）、生命系统的科学（Science of Living Systems）、物理宇宙的科学（Science of the Physical Universe）、世界中的诸社会（Societies of

---

137 张冲，〈大学本科通识教育的他山之石——评哈佛大学与哥伦比亚大学本科通识课程体系之争〉[J]，《复旦教育论坛》，2011 年第 1 期，第 43-46 页。

World）、世界中的美国（The United States in the World）等八大模块当中[138]。不难发现，哈佛新的通识教育课程是其应对全球化人才需求变化的举措，旨在培养学生广博的视野、批判性思考的能力、道德伦理的认知，以在此基础上成为一个合格的世界公民。批评者认为，这种通识体系最大的问题是"体系提供了可选择的课程，却没有提供指导选择的架构"[139]，其结果是，学生面对众多的课程茫然不知所措，他们不知道应如何选择才对自己最有帮助。另外，这八大模块的课程也缺乏明确的逻辑，从而仍无法实现红皮书提出的"向学生提供共同的知识体验"的目标。国内大学多效仿哈佛分布必修的通识课程体系，这种从上百门课程中随意选取若干门的马赛克拼贴般的知识摄取方式，往往只能使通识课成为可有可无、学生用以混学分的课，不能真正走上通识教育的正途[140]。

　　哥伦比亚大学的通识教育实践。相比哈佛大学，哥伦比亚大学的通识教育结构上采取核心课程必修模式，以伟大作品为课程内容，以小班教学为主要形式。一战之后，学生由于专业教育导致的知识面狭窄受到了越来越多的批判，于是，哥伦比亚决定开设"当代文明（Contemporary Civilization）"课程，这是哥伦比亚大学通识教育课程实践的开始。从 1940 年代开始，哥伦比亚大学在当代文明课程之外，又开设了亚洲人文与文明课程。1990 年代，亚洲人文与文明课程成为扩展的核心课程体系中全球化核心课程部分的要求[141]。近年来，哥伦比亚本科生的学分要求中包括如下核心课程的要求：文学人文（2 学期 8 学分）、当代文明（2 学期 8 学分）、艺术人文（1 学期共 3 学分）、音乐人文（1 学期共 3 学分）、大学写作（1 学期共 3 学分）、外语（4 学期）、科学前沿（1 学期共 4 学分）、科学核心课（2 学期共 6 学分）、全球化核心课（2 学期共 6 学分）、体育（2 学期共 2 学分）[142]。其中，除去外语、

138 Report of the Task Force on General Education, Harvard University Faculty of arts and Sciences, 2007. [EB/OL]. http://www.fas.harvard.edu/~ssecfas/Gnneral_Education_Final_Report.pdf. Janurary 23rd, 2017.

139 张冲，〈大学本科通识教育的他山之石——评哈佛大学与哥伦比亚大学本科通识课程体系之争〉[J]，《复旦教育论坛》，2011 年第 1 期，第 43-46 页。

140 甘阳，《大学之道与文化自觉》[A]，胡显章、曹莉，《大学理念与人文精神》[M]，北京：清华大学出版社，2006 年，第 213-264 页。

141 Timothy. P. Cross, An Oasis of Order The Core Curriculum at Columbia College [EB/OL]. http://www.college.columbia.edu/core/. May 5th, 2017.

142 Core-curriculum [EB/OL]. http://bulletin.columbia.edu/Columbia-college/core-curriculum. May 5th, 2017.

体育、科学前沿、全球化和新课有一定的选课自由外（如全球核心必修要求先在初级概览性的非西方文化课程中选择一门，然后再从深入分析的高级课程中继续选择一门相应的文化课，也可以再挑选一门概览性文化课程[143]），其余课程都是必修课。以当代文明课程为例，它要求学生阅读文学、哲学、历史、科学、社会政治方面的传统著作，通过师生之间的讨论、辩论及其他互动，提升学生的分析批判能力、发散思维能力和想象力。不难发现，这一课程不是概论性课程，也不是止步于对历史事实的描述的知识类课程，它是一种文化的领悟与探索，旨在"探讨当前面临的紧迫问题"[144]。总体上看，哥伦比亚大学的核心课程以经典原著为素材，以研讨课为形式开展通识教育的方式更富于思想性，更能激发学生的创造力和思考力[145]；以现实问题为指向的课程设计，也更能实现"郑重严肃的通识教育"[146]，因而显示了它持续的教育价值，与其他大学零散的分布必修课程形成了鲜明的对比，是一片秩序与意义的绿洲[147]。

芝加哥大学的通识教育实践。芝加哥大学的通识教育改革始于赫钦斯任校长时期。作为永恒主义教育理念的代表，他提出各系各科学生应该通过一种共同教育，使学生具有共同的精神文化基础，而通过对历代伟大思想家的著作的学习可以形成这种基础[148]。基于这种认识，赫钦斯开始在芝加哥大学推行名著课程改革。经过十多年的努力，1942 年，四年制通识课程计划开始执行，这一计划规定前三年学习一系列跨学科的人文科学、社会科学、自然科学课程，第四年学习两门综合课"西方文明史"和"观察、解释、整合"，此外数学、英语和外语也是必修，各学习一年，共有 14 门课程[149]。这些课程

---

143 刘立园、宇文彩，〈哥伦比亚大学的通识教育及其启示〉[J]，《吉林省教育学院学报》，2015 年第 4 期，第 46-47 页。

144 Timothy P. Cross, An Oasis of order: The Core Curriculum at Columbia College [M], New York: Columbia College, Office of the Dean, 1995.

145 黄俊杰，《全球化时代的大学通识教育》[M]，北京：北京大学出版社，2006 年，第 66 页。

146 Allan Bloom. The Closing of the American Mind [M], NewYork: simon & Schuster, 1987, p.243.

147 Anon. Report of the Committee on the Future of Columbia College [Z], New York: Columbia College, 1993, p.24.

148 李继兵，《通识教育论》[M]，北京：高等教育出版社，2012 年，第 49 页。

149 张海生，〈赫钦斯通识教育思想及其实践〉[J]，《扬州大学学报（高教研究版）》，2015 年第 4 期，第 22 页。

都将西方经典著作和原始文献作为通识教育的主要材料，授课方式多为阅读和讨论。赫钦斯的通识课程计划从开始就面临着巨大的压力和阻力。1951年，四年制通识学院被废止。这之后，芝加哥大学开设了主修专业课，要求学生在头两年学习通识课程，剩余两年学习主修课程和选修课程。在通识课程学习中，废除14门必修政策，允许学生有一定的自由选择权。至此，芝加哥大学的通识教育模式基本形成。现在，芝加哥大学的通识教育课程设计是在保留名著阅读这种学习方法的前提下，采用共同核心课程模式，即每个学生要在一二年级修满15门分别由人文、社会科学、自然科学课程组成的课程，其中人文、人类文明、艺术必选6门，自然科学和数学必选6门，社会科学必选3门[150]。这些共同核心课程是一种综合的跨学科的系列课程，所有学生通过学习同样类型的课程，阅读同样的文本，与伟大的思想产生交锋，产生共同的思想和技能[151]。当然，也有学者认为，有些当初列为经典的科技著作，今天已不过是科技历史的里程碑，当初列为经典的文史哲著作，也因时代推移，不过是思想界的史料[152]。因此，重读经典著作课程能否达成通识教育的目标有待检验。

从上述三所学校的通识教育课程实践中不难发现，无论最初采用的是分布必修式、核心课程式还是名著课程式，它们都在不断的发展中发现了各自模式的问题，从而走向了相互的融合。据美国2016年的调查显示，相比2008年15%的高校单独采用分布必修模式开展通识教育的情况，2015年美国高校通识教育单独采用分布模式的比例进一步下降到8%[153]。目前美国针对分布必修的改革主要是加强对学生的引导，提高其在广泛的领域中选择课程的一致性，以避免实施的零碎散漫，缺乏关联；而面向核心课程模式的改革则是针对很多高校以核心必修的形式开展通识课程实践的现状，提出在加强核心的同时，给予学生更灵活的选择，以尊重不同学生的兴趣。无论以哪种模式为基础，未来美国通识教育课程的大趋势都是将更多地以跨学科的主题联结式课

150 王晓阳、曹盛盛，〈美国大学通识教育模式、挑战及对策〉[J]，《中国高教研究》，2015年第4期，第17-24页。

151 Core Curriculum [DB/OL]. http://college.uchicage.edu/academics/college-core-curriculum. May 5th, 2017.

152 陈小红，〈通识教育课程模式的探讨〉[J]，《复旦教育论坛》，2010年第5期，第40-44页。

153 周开发，《美国大学通识教育改革的最新发展趋势及其启示》[A]，《通识教育评论》[C]，上海：复旦大学出版社，2016年秋季号，第178-190页。

程形式出现。针对跨学科课程，团队教学和研讨式教学的方式将成为主流。

1.3.2 专业教育的产生与发展

从苏格拉底时期开始，认识你自己就是教育的原则。至于现实世界，与精神世界相对立，是凡俗的、肮脏的、堕落的[154]。直到宗教改革之后，被基督教定义为"世俗"的现实世界知识才开始因巨大的社会需求引起人们的重视，被认为是教育目的的重要组成部分。就如现代教育理论的创始人夸美纽斯说的：教育人民牢记自己的精神生活固然是很重要的，但是，也绝不能丧失对世俗生活和公民生活的关注[155]。在这种认识影响下，实科学校创立了，并迅速在欧洲各国普及。到 20 世纪，与职业相结合的专业教育已经在大学中占据统治地位。人们进入大学学习，目的是为了找到一份好的工作；学校则根据社会需求，大幅增加职业训练的比例。正是在这种背景下，继承发展了自由教育理念的通识教育出现了，它试图回应工业化和专业化教育蓬勃发展带来的一系列问题。可见，大学的人才培养史，就是一部通识教育（自由教育）与专业教育相互交织的历史。要理解通识教育的改革，必须深刻地理解专业教育。

1.3.2.1 专业教育的内涵

本·戴维认为，和通识教育相比，专业教育（education for profession）是以培养从事某种专门职业为目的的教育[156]。加塞特也持这种观点，认为"专业的目的是为了应用解决问题的办法"，专业教育的目的是为了"使人们成为医生、药剂师、律师、法官、经济管理者、公务员、中学理科和人文学科教师等具有实践经验的专业工作者"[157]。与之相对应的另一种认识则以亚伯拉罕·弗莱克斯纳为代表，他认为"学问高深的专业"实质是"运用自由灵活的智力去理解问题"，"专业首先具有客观的、理智的、利他的目的"[158]，因此，

---

154 [法]爱米尔·涂尔干著，《教育思想的演进》[M]，李康译，上海：上海人民出版社，2003 年，第 394 页。

155 [法]爱米尔·涂尔干著，《教育思想的演进》[M]，李康译，上海：上海人民出版社，2003 年，第 397 页。

156 Ben-David. J, Centers of Learning [M], Piscataway: Transaction Publishers, 1977.

157 [西]奥尔特加·加塞特著，《大学的使命》[M]，徐小洲、陈军译，杭州：浙江教育出版社，2003 年，第 9 页。

158 [美]亚伯拉罕·弗莱克斯纳著，《现代大学论》[M]，徐辉、陈晓菲译，杭州：浙江教育出版社，2001 年，第 23-24 页。

专业教育绝不等同于职业教育。我国辞海中专业的定义"高等学校或中等专业学校根据社会专业分工的需要设立的学业类别"涵盖了上述学者对专业认识的两层意涵。第一层意涵是高等教育学意义上的，取专门学业之意，其合法性源于高深知识的高度分化；第二层意涵则取专门职业之义，其正当性在于社会分工的逐步细化[159]。可见，专业教育既要满足高深学问发展的需要，又要考虑社会及市场的需求。

1.3.2.2 大学专业教育的历史

专业教育并非仅仅发生在大学，下文仅对与本研究密切相关的大学专业教育历史做一回顾。

发祥于古希腊的自由教育仅限于有闲阶级，是一种闲暇教育。到了中世纪，这种情况发生了变化——1088 年创立的博洛尼亚大学作为世界上第一所大学，最初只设立法律和医学两个专业来培养律师和医生。随后发展起来的中世纪大学逐渐增至四个学院，其中除了艺学院是一个属于非专业教育的单位，神学、法学和医学都是专科学院，以专门职业为取向，为年轻人的特定职业生涯做好准备[160]。由于文学院的非职业和基础性特征，14 世纪左右，一些大学的文学院被分出作为基础学院，原先的文法医神四科组成的大学变成神法医三科的专业性大学。在法国，文学部则从 15 世纪开始逐步脱离大学成为中等教育层次的文法学校（Grammar School），为学生进入大学开设预备科目；大学完全由专业学部构成，主要实施专业教育[161]。不难发现，职业性是最初中世纪大学专业教育的最大特征，其培养目标是"训练学生掌握一定的知识，为以后从事法律、医学、教学这些世俗专业或献身教会工作所用[162]"。虽然专业教育最早起源于大学，中世纪大学专业教育有着极强的职业导向，但是实用知识、职业技能并不是中世纪大学的最主要内容。这是因为，中世纪只有一种意识形态，即宗教和神学[163]。基督教是反智主义的，教育对于教

---

159 周光礼，〈论高等教育的切适性——通识教育与专业教育的分歧与融合研究〉[J]，《高等工程教育研究》，2015 年第 2 期，第 62-69 页。

160 [法]爱米尔·涂尔干著，《教育思想的演进》[M]，李康译，上海：上海人民出版社，2003 年，第 112 页。

161 黄福涛，《外国高等教育》[M]，上海：上海教育出版社，2003 年，第 99 页。

162 [美]伯顿·R·克拉克，《高等教育系统——学术组织的跨国研究》[M]，王承绪等译，浙江：杭州大学出版社，1994 年，第 154 页。

163 [德]恩格斯·路德维希，《费尔巴哈和德国古典哲学的终结》[M]，中共中央编译局编译，北京：人民出版社，2009 年，第 289 页。

会而言，更多的是扩大基督教影响的武器。

文艺复兴和宗教改革之后，道德的、宗教的考虑已经不再是人们的唯一考虑，经济、政治、管理等方面的关怀也开始有了相当的重要性[164]。在这种背景下，新的教育观念开始承认"纯世俗性社会需求是教育目的重要组成"。人们所关注的不再只是如何塑造合格的基督徒，同时还期望创造出合格的公民以及获得有用的知识[165]。在不同的社会背景条件下，专业教育出现了三种不同的培养理念[166]：

培养国家官僚和高级专业技术人员。1789 年大革命胜利之后，法国新政府建立了与专门职业直接相连的、旨在服务国家发展、培养国家官僚和科技人员的高等教育机构。法国的专业教育理念直接促进了整个欧洲近代专业教育的发展。

培养探求纯粹学术的学者和大学教师。为了实现文化国家的目标，德国大学将教学与科研相结合，培养追求真理和纯粹知识的研究者。

培养服务于工农业发展的实用性人才。19 世纪中期，为了满足地方经济对工农业人才的需求，美国设立赠地学院，这意味着，专业教育成为美国大学教育的重要组成部分。由于美国培养实用型人才的专业教育还强调专业伦理的养成与坚守[167]，所以美国的专业教育是融合职业教育和普通教育的统一体。19 世纪后期，美国开始将较高层次的专业人才培养活动集中在研究生院进行。

1.3.2.3 专业教育的模式

目前在大学本科阶段主要有两种专业教育模式[168]：欧洲模式，要求学生自入学至毕业主要学习专业教育课程，院校多开设有助于学生就业和与未来从事职业直接相关的专业教育内容。美国模式，其主要特征是低年级进行通

---

164 周光礼，《论高等教育的切适性——通识教育与专业教育的分歧与融合研究》[M]，高等工程教育研究，2015 年第 2 期，第 62-69 页。

165 [法]爱米尔·涂尔干著，《教育思想的演进》[M]，李康译，上海：上海人民出版社，2003 年，第 396 页。

166 黄福涛，〈高等学校专业教育：历史与比较的视角〉[J]，《清华大学教育研究》，2016 年第 3 期，第 6-14 页。

167 谢德渤，〈专业教育的世界模式与中国抉择——以高等教育基本命题的分析与开拓为中心〉[J]，《复旦教育论坛》，2016 年第 4 期，第 12-17 页。

168 黄福涛，〈高等学校专业教育：历史与比较的视角〉[J]，《清华大学教育研究》，2016 年第 3 期，第 6-14 页。

识教育，高年级侧重专业教育。高年级的专业教育多涉及专业基础、跨学科的共同知识和基础技能，试图与研究生阶段的专业教育相互衔接。

虽然中国在近年来开始效仿美国模式，但我们不应忘记，新中国成立之后，为了改革旧的高等学校教育，迅速恢复和发展国民经济，中国有过全面学习苏联专业教育的经验。这段历史作为中国本科教学改革的重要历史背景，需要特别加以理解。苏联模式是从欧洲模式发展而来的。如果说在美国，专业教育的概念是社会学意义上的，主要在探讨高等教育的目的时与通识教育或非专业教育相区别使用，那么苏联的"专业教育"则是认识论的，它是对苏联高等教育的一种界定，换句话说，专业作为苏联高等教育基本的组织形式，是对知识的一种分类，苏联高等教育实际上就是一种专门化意义上的专业教育，它不存在"学术性"和"职业性"的割裂。苏联专业教育模式早在沙皇俄国时代就已经初具雏形。19世纪中叶，俄国侧重学习法国拿破仑时代的高等教育办学模式，大力兴办技术性专业学院[169]。到1865年，俄国已有14所专门学院，1896年增加至38所[170]。1917年十月革命之后，苏维埃红色政权进一步大力发展单科性技术学院。不过，由于政治制度的差异以及经济建设的重压，苏联高等教育逐渐走上一条有别于欧洲专业教育模式的发展道路：在培养目标上，它重在培养社会主义国家经济建设中急需的技术人才与管理专家，带有强烈的计划性色彩；专业设置上，主要开设工程类、农业类、师范类、管理类、医学类专业群，通过相当细化的专业建制对学生进行分门别类的培养[171]；它包含多种层次，首先，专业教育被分为工业工程、农业、社会经济、教育和卫生五个分支，在五个分支下面又分专业群、专业群之下再分专业，再到专业方向，有些专业方向下面还要再分次专业方向[172]。由于能集中国家的所有力量和资源，有的放矢地培养社会所需要的人才，苏联的人才培养模式在当时对维持国家稳定、促进经济发展起到了十分积极的

169 黄福涛，〈苏联高等教育模式形成的历史考察〉[J]，《清华大学教育研究》，2002年第5期，第57-64页。

170 Konrad H. Jarausch, George Weisz. The Transformation of Higher Learning 1860-1930, Expansion, Diversification, Social Opening and Professionalization in England, Germany, Russia and the United States [M], Stuttgart: Klett-Cotta, 1982, p.92-97.

171 谢德渤，〈专业教育的世界模式与中国抉择——以高等教育基本命题的分析与开拓为中心〉[J]，《复旦教育论坛》，2016年第14卷第2期，第12-17页。

172 DeWitt, Nicholas. Soviet Professional Manpower: Its Education, Training, and Supply [M], Washington, D. C. National Science Foundation, 1955, p.106-107.

作用。新中国成立初期，面对自然经济向计划经济的转型，我国选择苏联模式，将专业教育与特定的职业甚至是具体工作岗位建立起直接的联系是历史的必然。改革开放之后，随着计划经济向市场经济的转型，我国高等教育领域开启了对苏联模式的逐步修订，但仍然保留着极强的苏联模式专业教育印记。

从上述对专业教育内涵与发展的历史回顾和分析可以看出，专业教育的存在具有其合法性：一方面，社会分工的出现及细化使得每个人都要工作，都要有一技之长，下层民众也迫切希望通过接受专业教育获取生存或流向更好的社会阶层；另一方面，国家的兴旺需要雄厚的科学实力和专门人才，这也离不开专业教育。因此，我们应清醒地认识到，要扭转过度专业化带来的诸多弊端并不能简单抛弃专业教育，拥抱通识教育，"通识教育不仅不应该脱离学习者的专业领域，而且应当从其所在的领域开始[173]"。

1.4 理论基础

1.4.1 埃里克·阿什比的"大学遗传环境论"

埃里克·阿什比（Eric Ashby）是英国生物学家和教育家，曾长期担任英国大学教育经费评议会的负责人，还曾担任皇后大学和剑桥大学的副校长[174]。阿什比在其 1974 年出版的《科技发达时代的大学教育》一书中集中阐释了"大学遗传环境论"的观点。该著述指出，上世纪六七十年代，西方工业国家正处于一场史无前例的危机的开端，人类面临的种种危机正在按复利法的速度不断增加，而经济增长和科技革新并未能促使人类这种状况改善，反而导致了衰退[175]。于是，全世界的大学，在经过长期作为社会上无足轻重的附属品之后，又一次像欧洲中世纪的大学那样，成了导致未来世界大发展的重要学术机构[176]。为了承担起历史赋予的全新责任，大学必须根据自身的特点，

---

173 L. Huber, From General Education to Interdisciplinary Studies [J], Higher Education Policy, 2002 (15), p.15, 19-31.

174 [英]埃里克·阿什比著，《科技发达时代的大学教育》[M]，腾大春、腾大生译，北京：人民教育出版社，1983 年，第 1 页。

175 胡晓钦，〈从传统到现代：纽曼、怀特海、阿什比大学理念比较研究〉[J]，《江苏高教》，2006 年第 3 期，第 12-19 页。

176 [英]埃里克·阿什比著，《科技发达时代的大学教育》[M]，腾大春、腾大生译，北京：人民教育出版社，1983 年，第 4 页。

适应社会发展的要求，做出新的变革。阿什比认为"大学像动物和植物一样向前进化，任何类型的大学都是遗传和环境的产物"[177]。所谓遗传，是指大学工作者所深信的教育目标。这些传统力量构成高等教育体系的内在逻辑。内在逻辑对高等教育体系的作用犹如基因对生物体系的作用，它要保持这种体系的特性，是这种体系的内在回转仪[178]。所谓环境，则对应三个层面，第一是顾客的要求，即学生要求入大专院校和学习他们入学时想学习的课程；第二是人力的需要，即机关和企业吸收毕业生就业，从而影响大学的课程和毕业证书；第三是资助人的影响，高等教育要靠国家的资助，政府掌握着高等院校的最高经济支配权[179]。一方面，大学本身必须改变以适应社会的新形势，否则将遭受社会的抛弃；另一方面，大学在适应社会的改变中，又不能破坏自身的完整性，不然就将无法完成他们所承担的社会职责[180]。一旦制约和平衡不能保持，高等教育体系就不能很好地为社会服务了[181]。

在埃里克·阿什比（Eric Ashby）的"大学遗传环境论"视角下，大学既要考虑大学毕业生的供求平衡，成为专业养成所，又要胜任人类远大目标的指导任务和人类未来利益的管理任务，成为研究所，还要坚持公共道德教育，以成为一个"社交教育学校"[182]。从表面上看，这涉及的是大学的学科设置、专业设置，课程设置，但是问题的核心与实质却是"通才教育与专业训练的对立"[183]。社会需要受过专业训练的公民，上述三种主要社会力量迫使高等教育向职业教育方向发展，大学固有的传统势力则以非职业性的通才教育为宗旨，以培养有教养的公民，保持我们的社会成为多元的、合于人性

177 [英]埃里克·阿什比著，《科技发达时代的大学教育》[M]，腾大春、腾大生译，北京：人民教育出版社，1983 年，第 7 页。
178 [英]埃里克·阿什比著，《科技发达时代的大学教育》[M]，腾大春、腾大生译，北京：人民教育出版社，1983 年，第 139 页。
179 [英]埃里克·阿什比著，《科技发达时代的大学教育》[M]，腾大春、腾大生译，北京：人民教育出版社，1983 年，第 138-139 页。
180 [英]埃里克·阿什比著，《科技发达时代的大学教育》[M]，腾大春、腾大生译，北京：人民教育出版社，1983 年，第 12 页。
181 [英]埃里克·阿什比著，《科技发达时代的大学教育》[M]，腾大春、腾大生译，北京：人民教育出版社，1983 年，第 140 页。
182 [英]埃里克·阿什比著，《科技发达时代的大学教育》[M]，腾大春、腾大生译，北京：人民教育出版社，1983 年，第 148 页。
183 [英]埃里克·阿什比著，《科技发达时代的大学教育》[M]，腾大春、腾大生译，北京：人民教育出版社，1983 年，第 16 页。

的、兼容并包的、自由信仰的并能分清错误与偏见的社会[184]。通才教育与专业训练并非非此即彼的关系，关键是大学应该考虑，在外界的变化下，这两种教育要发生哪些必要的变化[185]。

1.4.2 伯顿·R·克拉克的"三角理论"

伯顿·R·克拉克（Burton R. Clark）是美国著名的教育学家，历任美国耶鲁大学和加州大学高等教育和社会学教授、比较高等教育研究中心主任。其在《高等教育系统——学术组织的跨国研究》一书中提出，高等院校通过国家、市场和学者的协调形成复杂的学术系统[186]，政府权力、学术权威、市场呈现三角形的协调模式。其中政府权力代表的是国家意志，它通过相关的政策法规和资金支持对高等教育系统施加影响；学术权威代表的是专家学者等高等教育本身的力量，这种力量通过高等院校的正式组织结构以及非正式渠道对教育发生影响；市场代表的是包括入学者和用人单位在内的高等教育服务对象的要求。三角形的每个角代表一种模式的极端和另两种模式的最低限度，三角形内部的各个位置代表三种成分不同程度的结合[187]。伯顿·R·克拉克对政府权力、学术权威和市场三者之间关系的分析和上述埃里克·阿什比（Eric Ashby）的"大学遗传环境论"有着深层次的一致性。

埃里克·阿什比（Eric Ashby）的"大学遗传环境论"和伯顿·R·克拉克（Burton R. Clark）的"三角理论"都展现了当今大学所面临的共同困难，即如何在促进国家繁荣、经济发展、保存和延续文化遗产、培养有教养的人之间取得平衡。北京大学"培养什么样的人"的定位变化背后，同样存在着在高等教育内在逻辑和外在逻辑之间游走时的彷徨、迎合、适应和坚守。借助上述理论视角厘清北京大学 1952-1998 年之间本科人才培养层面高等教育内外逻辑的相互作用，并由此触及问题的本质——通专内涵的变动及其二者之间的张力是可行和可能的。

---

184 [英]埃里克·阿什比著，《科技发达时代的大学教育》[M]，腾大春、腾大生译，北京：人民教育出版社，1983 年，第 144 页。

185 [英]埃里克·阿什比著，《科技发达时代的大学教育》[M]，腾大春、腾大生译，北京：人民教育出版社，1983 年，第 141 页。

186 [美]伯顿·R·克拉克，《高等教育系统——学术组织的跨国研究》[M]，王承绪等译，浙江：杭州大学出版社，1994 年，第 1 页。

187 [美]伯顿·R·克拉克，《高等教育系统——学术组织的跨国研究》[M]，王承绪等译，浙江：杭州大学出版社，1994 年，第 159 页。

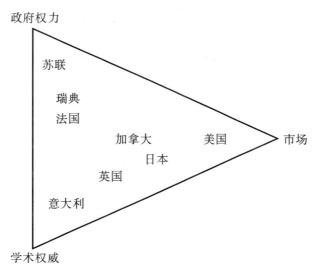

图 1-1　三角协调图[188]

1.5 研究方法与工具

本研究运用历史研究法、访谈法、案例分析法，收集了较为丰富的资料，为本研究的深入与展开奠定了较好的基础。

1. 历史研究法

研究者通过对新中国成立以来北京大学教学行政处（1992 年之后更名为教务处）、自然科学处、社会科学处[189]形成的有关本科人才培养相关的文件、会议记录、调研报告等一手档案资料的梳理，了解各项改革措施的制定过程和政策逻辑。档案资料涉及的主要内容包括：

（1）新中国成立初期北京大学本科人才培养的基本情况；

（2）院系调整之后北京大学全面学习莫斯科大学的过程、苏联专家的重要谈话；

（3）文化革命当中北京大学的系科设置、教学实践情况；

（4）恢复高考之后历次本科教学工作会议记录、纪要；

---

188 [美]伯顿·R·克拉克，《高等教育系统——学术组织的跨国研究》[M]，王承绪等译，浙江：杭州大学出版社，1994 年，第 159 页。

189 注：1949-1992 年间，北京大学文理科本科教学分别由社会科学处和自然科学处负责，教学行政处只负责教学计划及相关教学规定的执行，故本研究除关注教务部门的档案资料，还查阅了大量社会科学处和自然科学处的档案资料。

（5）本科 1982 版、1986 版、1990 版、1996 版、2003 版、2009 版、2014
版教学计划修订过程中的重要讨论和最终版本呈现；

（6）北大师生对本科教学改革中相关问题的真实反馈；

（7）文理科试验班、元培计划相关政策制定和出台过程；

这些珍贵的档案为具体研究提供了重要的资料支撑。

2. 访谈法

研究者选取了 1952-1998 年间北京大学的毕业生，同时又是改革开放以
来参与和主导了北京大学本科人才培养模式变革的管理者、决策者和一线教
师（共 8 人）进行了多次深入访谈。这些访谈帮助研究者建立了最初的问题
意识，明确了问题的研究线索。在具体研究过程中，研究者又通过进一步的
访谈求证了许多档案材料中的问题细节。

表 1-1　访谈对象名录

受访者[190]	受访者背景	访谈形式
A-1	20 世纪 50 年代毕业于北京大学物理系，曾任北京大学教务长、常务副校长，主持教学工作。	面对面访谈
A-2	20 世纪 50 年代毕业于北京大学数学力学系，曾任北京大学教务处处长。	面对面访谈
A-3	20 世纪 60 年代毕业于北京大学地质地理系，曾任北京大学教务处副处长，实际负责文化素质教育课程的组织工作，并长期担任元培学院导师。	面对面访谈
A-4	20 世纪 80 年代毕业于北京大学地球物理系，北京大学教务部部长。	面对面访谈
A-5	20 世纪 90 年代毕业于北京大学地球物理系，曾任北京大学素质教育委员会主任、北京大学教务部副部长、元培学院副院长。	面对面访谈
A-6	20 世纪 80 年代毕业于北京大学历史系，北京大学教务部副部长。	面对面访谈
B-1	20 世纪 50 年代毕业于北京大学物理系，中科院院士，曾任北京大学物理系主任，长期教授基础课。	面对面访谈
B-2	20 世纪 70 年代毕业于北京大学物理系，长期教授基础课。	面对面访谈

190 代码示意：A-管理者；B-授课教师。

3. 个案分析法

研究以本科人才培养模式的变迁为依托，选取物理系这个北京大学本科人才培养模式变革过程中始终作为改革先锋并最能体现每个阶段改革特征的院系，分析其通识教育和专业教育的实践变迁，进一步直观地展现整个北京大学本科人才培养模式变迁过程中通识与专业的交织、冲突与调整。

第二章 从专家到社会主义劳动者 （1952～1976）

2.1 全面学苏：培养专家

2.1.1 宽口径的专业设置

2.1.1.1 综合大学的定位

新中国成立之后，面对社会各方面建设的迫切任务，民国时期培养"硕学闳才"的高等教育被冠以"学非所用，用非所学"[1]的"通才教育"[2]帽子，

1　高奇，《中国高等教育思想史》[M]，北京：人民教育出版社，1992 年，第 351 页。
2　注：1932 年国立北京大学政治系主任邱昌渭（1898-1956）给毕业生的临别赠言特别能说明民国时期培养"通才"的意涵——"在大学校卒了业，究竟有什么用处呢？大学校本不是职业养成所，也不是任何成熟品的出产地。卒业后，大家都有'差'事，不能算是大学教育的成功；卒业后，大家都赋着闲，也不能算是大学教育的失败。有事可做与否，是社会上的责任，而不是毕业同学所受的教育之成功与失败的问题，更不是大学教育有用与无用的问题。大学教育，是教人去思想，不仅教人去思想，并且教人怎样去思想。至于思什么，想什么，那就不关学校的事了。大学教育，是思想方法教育。因此之故，乃设有种种方面的学科，供给种种冲突矛盾的事实，使各人去比较，去分析，去实验以达到有统系的结论之目的。经过这样的方法得来的理论，是有事实为根据的理论；从这样设备中得来的教育，是科学精神的教育。大学教育的用处，就是训练一般青年，养成科学思想的习惯，以应用于实际问题的解决。科学思想习惯的有无，方才是大学教育成功与失败的测验。"（参见《毕业生清册及纪念册》（1932）[Z]，北京大学档案馆馆藏，档号：1MC193202-3-136）

而苏联"培养理论与实践结合、掌握技术的全面发展的社会主义建设者"[3]的"专才教育"理念却由于"学用一致"被认为是适合新中国建设要求的人才培养模式。根据苏联"专才教育"的培养理念，大学虽然"仍保持着两种知识范围的研究和教学：关于自然的知识（物理、化学、生物等）和关于社会的知识（历史、语言和文学、哲学等等），但大学里不培养大而无当的博学通才，而应该具体地为工厂培养实验室的实验员，为各种学校和科学研究院培养初级的科学工作人员，为中等学校培养教员等。"[4]这种培养是通过"专业"即"一行专门职业或一种专长"[5]来完成的。学生从某一具体专业毕业后，即可"成为那一门的专家，立即可以担任起工程师或其他相当的职务。"[6]随着 1952 年院系调整的全面铺开，中国高校开始接受苏联"专才教育"培养模式的改造。通过调整与改造，过去许多"一揽子的大学，都变成了具有确定目标与范围的高等学校，可以最大限度地集中力量有计划、有针对性地培养某几行国家建设需要的专才"[7]。可以说，以苏联为师彻底改变了中国高等教育的社会地位。全新的高等教育作为新民主主义教育的一部分，成为"反映新的政治经济、巩固与发展人民民主专政的一种斗争工具"[8]。

院系调整之后，除按照行业归口新建和整合出单科性高校 168 所，我国还整合出文理科综合大学 14 所（中国人民大学、北京大学、南开大学、东北人民大学、复旦大学、南京大学、山东大学、厦门大学、武汉大学、中山大学、四川大学、云南大学、西北大学、兰州大学[9]）。其中，北京大学将原有的医科等划出去，调入清华、燕京等学校的文理科，整合成了仅设有文科、理科、外语科三大类学科的综合性大学。按照 1953 年第一次全国综合大学会议

---

3 中华人民共和国教育部翻译室，北京师范大学教育学教研室翻译室译，《苏联普通教育法令选译》[M]，北京：人民教育出版社，1956 年，第 35 页。

4 《从苏联高等教育的经验略谈几个问题——苏联专家 1950 年第一次全国高等教育会议上的发言》（1950）[Z]，北京大学档案馆馆藏，档号：3。

5 曾昭伦，〈高等学校的专业设置问题〉[J]，《人民教育》，1952 年第 9 期，第 5 页。

6 曾昭伦，〈高等学校的专业设置问题〉[J]，《人民教育》，1952 年第 9 期，第 6 页。

7 曾昭伦，〈高等学校的专业设置问题〉[J]，《人民教育》，1952 年第 9 期，第 5 页。

8 《马叙伦部长在第一次全国教育工作会议上的开幕词》（1949 年 12 月 23 日）[A]，何东昌编，《中华人民共和国重要教育文献（1949-1975）》[M]，海口：海南出版社：1998 年，第 6 页。

9 东北师范大学、陕西师范大学高等学校干部进修班编，《中华人民共和国高等教育大事记（1949-1981）》[M]，1982 年，第 40 页。

指示[10]：综合大学是"各类高等学校和各种科学研究机构的基础，是社会现代化和科学发展的一个发展标志"，综合大学的任务是"培养理论或基础科学方面的研究工作或教学工作的人才，为各经济部门和文化部门输送研究和教学干部"，它培养出来的人才应该"具有较高的理论水平和较广博的科学知识"。上述定位完全是向苏联看齐。20 世纪 50 年代，整个苏联只有 30 余所综合大学，远远少于按照行业归口的高等学校 800 所[11]。不同于对综合性大学涵盖哲、文、理、工、管、法、医、农林、经济、教育、艺术等多种学科门类的传统理解，苏联综合大学特指文理科大学，只设置人文科学、自然科学和某些社会科学类的系和专业。作为"培养具有高度专业水平的一般科学课的专家及教师的学校"[12]，基础理论研究是苏联综合大学头等重要的任务[13]。以地质系为例，地质学院培养的是工程师，其任务主要是解决技术问题（如设计新的勘探机器），而综合大学地质系的培养目标则是地质学家，其任务是研究基本性的普遍性的问题（如研究矿物分布，岩石成长的规律等）[14]。

　　北京大学的改造完全以苏联莫斯科大学为蓝本。不同于大部分苏联文理科综合大学"培养熟练的中学教师"（毕业生中有 50%-98%是到中等学校教书[15]）的定位，作为苏联最大的综合性大学，拥有 12 个系的莫斯科大学（学系、专业、专门化设置见表 2-1），由于拥有最高水平的专家和最先进的仪器设备，担负着为苏联其他大学培养与提高师资、带动科学研究发展的重要使命[16]。按照周总理的指示，北京大学不仅可以和莫斯科大学直接互换工作计划、教研室工作计划、经验及其他教学资料，还可邀请莫斯科大学专家来校指导改革

10　《为实现全国综合大学会议的决议而奋斗》[N]，《人民日报》，1953-10-15。

11　胡建华，《现代中国大学制度的原点：50 年代初期的大学改革》[M]，江苏：南京师范大学出版社，2001 年，第 84 页。

12　《关于苏联新的综合大学教学计划》，摘自苏联高等教育部副部长普罗柯夫耶夫，《综合大学、经济和法律学院的主要任务》（1954）[Z]，北京大学档案馆馆藏，档号：78。

13　王清华，《苏联高等教育的历史和现状》[M]，吉林：吉林教育出版社，1985 年，第 81 页。

14　《高等教育工作者访苏代表团综合大学小组总结报告》（1957）[Z]，北京大学档案馆馆藏，档号：113。

15　《苏联莫斯科大学生物系主任沃罗密教授来系谈话记录摘要》（1955.5.31）[Z]，北京大学档案馆馆藏，档号：78。

16　《高等教育工作者访苏代表团综合大学小组总结报告》（1955）[Z]，北京大学档案馆馆藏，档号：113。

工作[17]，以帮助北京大学培养我国"理论或基础科学方面从事研究工作或教学工作的专门人才"[18]。以北大物理系为例，当时要"培养高质量的物理学和气象学教学人才和研究人才"[19]，历史系则要"培养科学研究人才、师资和文化干部"[20]。这和莫斯科大学人才培养的定位完全一致。然而，北大很快从毕业分配情况中发现，大量的毕业生流入科研单位，从事教学工作和担任文化干部的毕业生总数仅略多于 10%，于是，学校将培养目标更加聚焦到科学研究人才方面。学校认为，能做科学研究的人，也就可以胜任教学工作。

2.1.1.2 文理学科的专业设置

由于完全照搬莫斯科大学的模式，北大在系科专业设置方面也几乎和莫斯科大学如出一辙（见表 2-2，共 12 个系，33 个专业）[21]。最为明显的模仿痕迹便是"数学力学系"的设置。原先的北京大学仅有数学系的设置，但由于莫斯科大学设有力学数学系，北京大学就将这一学系设置照搬过来。然而，由于当时北京大学、燕京大学、清华大学的力学师资力量基本都是空白，除周培源之外，就没其他人在搞力学了，因此，在照搬过程中北大将"力学数学系"的"力学"弱化，放在了系科名称的后面，变成了"数学力学系"[22][23]。

---

17 《苏联国立莫斯科大学校长彼得罗夫斯基院士来高等教育部谈话记录》（1955）[Z]，北京大学档案馆馆藏，档号：83。

18 《为实现全国综合大学会议的决议而奋斗》[N]，《人民日报》，1953-10-15。

19 沈克琦、赵凯华主编，《北大物理九十年》[M]，北京：北京大学出版社，2003 年，第 43 页。

20 〈北京大学历史系修订教学计划的总结报告〉[J]，《高等教育通讯》，1953 年第 9 期，第 12-13 页。

21 注：事实上，1920 年代，蔡元培就提出"大学专设文理二科。其法、医、农、工、商五科，另为独立之大学。其名为法科大学，医科大学等。"在这一理念指导下，当时的国立北京大学设置数学、物理、化学、地质学、哲学、教育学、国文学、东方文学、英文学、法文学、德文学、俄文学、史学、法律学、政治学、经济学十六个系，也基本仅包括了文、理、语言三类。（参见蔡元培，《大学改制之事实及理由》[A]，孙常炜，《蔡元培先生年谱传记：中册》[M]，台北：国史馆，1986 年，第 74 页，《北京大学招考简章》（1924）[Z]，北京大学档案馆馆藏，档号：BD1924004）

22 来源于访谈者 A-2，访谈时间：2018-07-16。

23 丁石孙口述，袁向东、郭金海访问整理，《有话可说：丁石孙访谈录》[M]，湖南：湖南教育出版社，2013 年，第 69 页。

表 2-1　1952 年莫斯科大学学系、专业、专门化名称一览[24]

学　系	专　业	专门化
力学数学系	力学	理论力学
		空气力学
		流体力学
		弹性与胶体理论
		机器与机械理论
	数学	函数论
		积分方程及微分方程
		代数学
		高等几何学与拓扑学
		函数分析
		微分几何学
		数论
		概率论与数理统计
		数学史
	天文学	恒星大文学
		天体物理学
		天体力学
		重力测量学
	应用数学	/
物理学系	物理学	核子物理
		理论物理及数学物理
		固体物理
		分子物理
		低温物理
		光学光谱
		无线电物理
		地球物理
化学系	无机化学	物理化学分析

24　《1952 年苏联莫斯科大学专业设置》（1952）[Z]，北京大学档案馆馆藏，档号：
　　92。

学　系	专　业	专门化
		稀有元素化学
		结晶化学
		错合化合物化学
	有机化学	蛋白质化学
		金属有机化合物化学
		有机合成
		燃料化学
		有机催化
	分析化学	微量分析
	物理化学	化学热力学
		热力化学
		无机催化
		化学动力学
		电化学
		胶体化学
生物土壤学	达尔文及遗传学	/
	植物学	低等植物学
		高等植物学
		地理植物学
	动物学	脊椎动物学
		无脊椎动物学
		昆虫学
		鱼类学
		组织学与胚胎学
		水生生物学
	植物生理学	微生物学
		植物生物化学
	动物生理学	/
	人类学	/
	土壤学	/
地质系	地质学	地质学

学　系	专　业	专门化
		古生物学
		水文地质
		石油与煤气地质
	地质化学	结晶学
		矿石学
		岩石学
	土壤学	/
	地质的地球物理调查法	/
地理学	自然地理	地理学史
		自然地理
		极地地理
		土壤地理
		植物地理
	经济地理	苏联经济地理
		外国经济地理
	地形学	/
	制图学	/
	水文学	陆地水文学
		海洋地理学
	气候及气象学	/
语言学系	俄罗斯语言文学	/
	斯拉夫语言学	波兰语言学
		捷克语言学
		保加利亚语言学
		阿尔巴尼亚语言学
	罗马日耳曼语言学	英国语言和文学
		法国语言和文学
	罗马日耳曼语言学	德国语言和文学
	古典语言学	希腊语言文学
		拉丁语言文学
	伊朗语言学	/

学　系	专　业	专门化
	土耳其语言学	/
	逻辑学	/
	心理学与俄罗斯语言学	/
	文艺史和文艺理论专业	/
历史学系	历史	苏联史
		马列主义
		东方各国史
		斯拉夫史
		古代世界史
		中世纪史
		近代史
		考古史
		博物馆史
哲学系	哲学	辩证唯物主义与历史唯物主义
		哲学史
		逻辑
		心理学
法律系	法律学	国家法
		国际法
		刑法
		民法
		国家与法权理论与历史
		苏维埃国家结构和管理
经济学系	政治经济学	社会主义政治经济学
		现代世界资本主义经济
		苏联国民经济史
		政治经济学史
	统计	理论统计学
		经济统计学
	国民经济计划	/
	东方经济	/

表2-2 1954年北京大学学系专业名称一览[25]

学 系	专 业	学 系	专 业
数学力学系	数学	俄罗斯语言文学系	俄语
	力学	东方语言学系	蒙古语
物理学系	物理学		朝鲜语
	气象		日本语
化学系	无机化学		越南语
	有机化学		遮罗语
	分析化学		印尼语
	物理化学		缅甸语
生物学	植物		印地语
	植物生理		阿拉伯语
	动物	西方语言文学系	德文
地质地理学系	自然地理		法文
中国语言文学系	中文		英文
	编辑	哲学系	哲学
历史学系	考古		心理学
	历史	经济学系	政治经济学

从表2-2我们不难发现，北大的专业设置偏向理论性，与实践相隔较远。这是由当时综合大学"从事基础研究"和"培养基础学科人才"的定位决定的。然而，很快，由于从事基础研究，北大被扣上了"理论脱离实际"的帽子，基础研究带来的经费短缺也让学校的发展面临困难[26]。于是，从院系调整到文革之前，特别是1958年大跃进开始之后，北大按照国家社会主义建设、尤其是重工业建设的需要[27]，提出要把北大"从落后的、脱离生产的单一的教学阵地变成先进的教学、科研和生产劳动基地"[28]，办专业的原则是"新技术

---

25 《关于综合大学1954年专业设置及发展规模问题的报告》（1953）[Z]，北京大学档案馆馆藏，档号：30353002。

26 来源于访谈者A-1，访谈时间：2018-06-10。

27 张健，〈略谈高等学校学习苏联先进经验的总结〉[J]，《人民教育》，1955年第2期，第15页。

28 杜勤、睢行严，《北京大学学制沿革1949-1998》[M]，北京：北京大学出版社，2000年，第44页。

带动基本理论，大力发展尖端科学"[29]。在这种导向下，学校不断调整专业设置，先后增设了地球物理学、天气学、物理气象学、半导体物理学、固体物理学、光学、理论物理学、超高频电子学、无线电、电子学、计算机与自动控制、动物遗传学、陆生水文地理、考古、西班牙语等 15 个专业[30]。不过，从总体上来说，北京大学的专业设置仍是偏向基础学科和基础研究的。

从表 2-2 的专业设置我们还能看到，和大家之前对苏联模式"专业口径过细"的刻板认识不同，这一时期北京大学的专业口径并不狭窄。即使是 1956 年之后北京大学学习莫斯科大学开始在高年级设置专门化项目，专门化项目的口径也是较宽的（详见下文）。实际上，所谓苏联模式过细的专业设置大多存在于改造后的"农"、"工"等专科院校，对综合大学而言，文科和理科的专业口径一直是较宽甚至很宽的[31]。这一点能从 1954 年高等教育部参照苏联大学专业目录制定并发布的新中国第一份专业目录《高等学校专业目录分类设置（草案）》中得到印证。这份目录包括按照国家建设部门加以分类的 257 种专业名称，其中，工科类占了 142 种。工科专业分的比较细，不少是按照工艺、装备、产品设立。而文、理科则一般按现在所说的一、二级学科设置，分别仅有 25 种和 21 种（详见表 2-3）[32]。

表 2-3 《高等学校专业目录分类设置（草案）》各科专业所占比例的比较

	工科	农林	医药	文科	理科	政法	财经	师范	体育	艺术
数量	142	16	5	25	21	2	16	16	1	13
比例	55.30%	6.20%	1.90%	9.70%	8.20%	0.70%	6.20%	6.20%	0.40%	5.10%

2.1.2 厚基础的课程体系

在俄罗斯帝国时期，由于大学没有严格的教学计划，很多学生不能按期毕业。以莫斯科大学为例，在当时弹性的教学要求下，5 年按期毕业的人数只

---

29 杜勤、睢行严，《北京大学学制沿革 1949-1998》[M]，北京：北京大学出版社，2000 年，第 44 页。

30 《关于设置系、专业及确定专业方向的请示报告》（1958）[Z]，北京大学档案馆馆藏，档号：30358003。

31 谢雪峰，〈对苏联高等教育模式评价中若干问题的思考——兼以纪念刘一凡教授〉[J]，《武汉体育学院学报》，2005 年第 3 期，第 97-99 页。

32 陈兴明，《中国大学"苏联模式"课程体系的形成与变革》[M]，北京：社会科学文献出版社，2012 年，第 56 页。

有 10%-15%，大部分学生需要 7-8 年才能毕业[33]。十月革命之后，由于国家需要大量高质量的干部，苏联在 1936 年通过的《关于高等学校的工作和高等学校的领导的决议》中要求：修订教学大纲，保证稳定的教学计划，……一律按课表上课，禁止采用分组实验法，代之以讲课、实验、实习、课堂讨论，独立作业，统一学年编制和学期划分[34]。在这种刚性的教学计划下，85%-95%的学生能够按时毕业，这极大地满足了苏联工业化建设对各类干部专家的需求。我国新中国成立初期各类建设人才奇缺，苏联整齐划一的教学计划无疑是适合我国国情的。于是，我国在院系调整之后也逐步将新中国成立前非计划性的、选择性的校本课程体系转变为苏联那种刚性的、指令性的国家课程体系，教学计划"所列各种课程，都是必修，没有一样是选修科目"[35]（事实上还存在少量选修课程），学生应"以高度的爱国主义精神胜利地完成学校所规定的本专业的全部教学计划"[36]。在北京大学这样的文理科综合性大学，上述整齐划一的课程体系有几个突出的特点，下文逐一展开。

2.1.2.1 弱化文理互通

虽然新中国成立之前我国大学拥有一定的自主权，可以自行设定选修课程，但是在必修课程部分，国民政府还是有统一的规定，这集中体现在 1939 年国民政府教育部颁布的《大学科目表》[37]（后在 1944 年进行修订，本文以 1944年修订版本为准）中。通过表 2-4、2-5 我们可以发现，国民政府统一规定了多种公共必修课，包括中国通史、哲学概论、科学概论、社会学等通识课程。新中国成立以后，全面学习苏联要求高等学校在系统地传授理论知识的基础上实行适当的专门化以培养"现成的专家"，这意味着，在课程的编排上要从培养专门人才的必须出发，以业务课程为重点，其他无关课程应尽量减少。于是，1950 年以中央政府教育部名义发布的《关于实施高等学校课程改革的决定》和《高等学校课程草案》正式取消了除政治、外语、写作、历史（写作和历史仅在文科保留）等在内的高等学校通识课程，以更好地开展专门化项目。

---

33 《高等教育工作者访苏代表团综合大学小组总结报告》（1957）[Z]，北京大学档案馆馆藏，档号：113。

34 王义高、肖甦，《苏联教育 70 年成败》[M]，北京：北京师范大学出版社，1999年，第 126 页。

35 曾昭伦，〈高等学校的专业设置问题〉[J]，《人民教育》，1952 年第 9 期，第 5 页。

36 《学习纪律暂行条例草案》（1955）[Z]，北京大学档案馆馆藏，档号：30355026。

37 中华民国国民政府教育部，《大学科目表》[M]，正中书局，1940 年，第 25 页。

表 2-4　新中国成立前后文学院公共必修课程比较[38]

1939 年		1950 年	
科　目	学　分	科　目	学　分
三民主义	4	社会发展史	3
伦理学	3	新民主主义论	3
语文	6	政治经济学	6
中国通史	6	语文与写作[39]	6
世界通史	6	外语	6-20
哲学概论	4	中国近代史	6
逻辑学	3	体育	/
外语	6	/	/
科学概论、普通数学、普通物理学、普通化学、普通生物学、普通心理学、普通地质学、地学通论	6（选 1 门）	/	/
社会科学概论、法学概论、政治学、经济学、社会学	6（选 1 门）	/	/
体育	/	/	/
合计	50	合计	30-54

表 2-5　新中国成立前后理学院公共必修课程比较[40]

1944 年		1950 年	
科　目	学　分	科　目	学　分
三民主义	4	社会发展史	3
伦理学	3	新民主主义论	3
语文	6	外语	/

38　资料来源：第二次中国教育年鉴，1948 年，第 496-497 页；高等学校课程草案，教育部档案：1950 年永久卷，卷 25，转引自胡建华，《现代中国大学制度的原点：50 年代初期的大学改革》[M]，南京师范大学出版社，2001 年，第 149 页。

39　注：1952 年院系调整之后，文科写作和历史课的要求在北大体现为如下课程设置——语言学引论（70 学时）、文艺引论（70 学时）、现代文选及写作（105 学时）、中国文学史（105 学时）、中国史（105 学时）（参见《关于修订教学计划若干问题的规定》（1954）[Z]，北京大学档案馆馆藏，档号：30354011）。

40　资料来源：第二次中国教育年鉴，1948 年，第 496-497 页；高等学校课程草案，教育部档案：1950 年永久卷，卷 25，转引自胡建华，《现代中国大学制度的原点：50 年代初期的大学改革》[M]，南京师范大学出版社，2001 年，第 149 页。

1944 年		1950 年	
科　目	学　分	科　目	学　分
中国通史	6	体育	/
普通数学或微积分学	6-8	/	/
外语	6	/	/
普通物理学、普通化学、普通生物学、普通心理学、普通地质学、地学通论	12-20（选 2 门）	/	/
社会科学概论、法学概论、政治学、经济学、社会学	6（选 1 门）	/	/
体育	/	/	/
合计	49-59	合计	6

　　表 2-4 和表 2-5 分别展示了文、理学院新中国成立前后公共必修课的变化。不难发现，文学院的公共必修课从 1944 年的 11 门减少到了 7 门，除政治课外，仅保留了外语、写作、近代历史、体育等相关课程；理学院的公共必修课从 1944 年的 10 门减少到了 4 门，除政治课外，仅保留了外语、体育相关课程。这些被保留的课程主要涉及"专家"在工作中必备的技能以及为祖国健康工作的身体保证，具有极强的工具性。可以说，伴随着课程门数的减少，新中国成立前文学院和理学院公共必修课程中文理互通的通识倾向已经被基本抹去了。

2.1.2.2 强化共同基础

　　上文已经提到，我国高等教育按照苏联模式淘汰了一些"无用"的课程，形成了按专业设置课程，专业教育色彩浓厚的课程结构[41]。这一结构包括四种课程类型：公共课（每个学生都必须修习）、基础课（指相关专业的共同基础）、专业基础课（指与该专业有直接关系的基础，又称技术基础课）和专业课（指本专业自身主干课）[42]。上文已经论述了公共课部分大量削减文理互通通识类课程的实践，本部分集中梳理第二层次"基础课部分"发生的微妙变化。

　　北京大学几乎照搬了莫斯科大学的教学计划。我们注意到，上世纪 50 年代，莫斯科大学不仅在专业划分上不存在过细的问题，在课程设置上，也是

---

41 [日]大塚丰著，《现代中国高等教育的形成》[M]，黄福涛译，北京：北京师范大学出版社，1998 年，第 177 页。

42 陈兴明，《中国大学"苏联模式"课程体系的形成与变革》[M]，北京：社会科学文献出版社，2012 年，第 58 页。

特别注重给学生以充分广泛的基础教育，因而规定了相当大量的必修基础课，在这之后再进行专门化教育[43]。以莫斯科大学1954年物理系教学计划为例（详见表2-6[44]），在5476个学时中，专门化课程及实验占24.7%，而高等数学这门基础课，竟占到了高达11.2%的份额，这与我们之前对苏联模式"过分强调专门化"的认识截然不同。从莫斯科大学物理系高等数学的教学大纲中我们可以清晰地看到这类课程的设置思路："本课程的主要任务有两个，首先作为一个基础课程，高等数学的任务是为物理专业各基础与专门课程的进行提供相应的数学知识和训练，对于数学概念的抽象，只需提到一定的深刻程度，而集中注意与具体问题的解释，与物理概念的相互参考，相互印证；此外，高等数学与其他课程一起，促进学生正确的思维发展，训练学生坚毅精细的科学工作态度，教学中还要贯彻爱国主义国际主义教育，随时明确所受的训练在社会主义建设实践中的意义"[45]。可见，苏联综合大学对共同基础的重视首先以培养专门家为目的，侧重为本专业基础课和专业课的学习做好准备。其次，这种分量的基础课还给承担着"科学研究"任务的综合大学学生打下了扎实的研究基础，并在这个过程中培育他们"坚毅精细的科学工作态度"[46]，这是研究者必须具备的重要素养。

表2-6　莫斯科大学物理系1954年教学计划表（5.5年制）[47]

课程名称（必修）	学　时			
	总学时	讲授	实验	实习课、课堂讨论、习题等
1 马克思列宁主义基础	224	144		80
2 政治经济学	140	90		50
3 辩证唯物论与历史唯物论	140	80		60

43 《我校苏联专家关于考试学年论文和毕业论文等教学工作的谈话》（1954）[Z]，北京大学档案馆馆藏，档号：88。

44 注：鉴于国家建设，尤其是重工业建设对于物理学科的依赖，在当时中苏两国的综合性大学当中，物理相关专业都是重点发展与改造的专业，最能真切地反映人才培养模式的变迁.因此，下文中如资料允许，均以物理学专业为例进行举例。

45 《1954年苏联综合大学物理专业高等数学的教学大纲》（1954）[Z]，北京大学档案馆馆藏，档号：68。

46 注：这与蔡元培强调的"为发明创造做预备"的"坚实耐烦的精神"是一致的（参见蔡元培，《北大民国十年开学式演说词》[A]，孙常炜，《蔡元培先生年谱传记：中册》[M]，台北：国史馆，1986年，第538页）。

47 《莫斯科大学1954年教学计划》（1954）[Z]，北京大学档案馆馆藏，档号：86。

课程名称（必修）	学　时			
	总学时	讲授	实验	实习课、课堂讨论、习题等
4 物理学史	56	56		
5 外语	208			208
6 化学	102	68	34	
7 机械画	68		68	
8 教学工厂实习	68		68	
9 高等数学	616	360		256
10 数学物理方法	258	174		84
11 数学实习	34		34	
12 普通物理	372	236		136
13 原子物理	102	68		34
14 原子核物理	102	68		34
15 理论力学与连续介质力学	152	102		50
16 热力学及统计物理	120	68		52
17 电动力学	172	104		68
18 量子力学	164	100		64
19 普通物理实验	374		374	
20 原子、原子核、无线电技术与专门实验	516		516	
21 专门课程及专题讨论	428	350		78
22 专门化实验	924		924	
23 体育	136			136
必修课学时统计	5476			
选修课				
24 高级课堂讨论会	340			
25 天体物理	68			
26 外语	132			
选修课学时统计	440			

　　回到同期的北京大学，北大物理系五年制的教学计划（因学制较莫斯科大学缩短半年，因此总学分也较莫斯科大学少一些），其结构及课程设置和莫斯科大学极其类似，在共同基础课"普通化学"和"高等数学"上也安排了600 多个学时，占总学时的 15.6%，和专门化相关课程（21-22）的学时安排

（占所有课程的 15.8%）不相上下。且当时北大所有理科的数学课都是共用同一种教材，在课堂讲授上特别重视给学生宽厚的基础[48]。当然，在共同基础课的教学目的上，北京大学和莫斯科大学存在同样的问题，即这种课程设置主观上具有极强的工具性，是为了培养"奋发有为的党的驯服工具[49]"。

表 2-7　北京大学物理系 1954 年教学进度计划表（5 年制）[50]

课程名称（必修）	学　时			
	总学时	讲授	实验	课堂讨论、习题等
1 中国革命史	105	70		35
2 马列主义基础	140	95		45
3 政治经济学	140	95		45
4 辩证唯物论及历史唯物论	106	70		36
5 俄文	280			280
6 体育	140			140
7 普通化学	72	36	36	
8 初级机械画	51		51	
9 高等数学	597	351		246
10 数学物理方法	282	180		102
11 普通物理	474	320		154
12 普通物理实验	280		280	
13 中级物理实验	210		210	
14 电工学及无线电学基础	68	68		
15 无线电实验	54		54	
16 理论力学	140	102		38
17 热力学及统计物理	140	102		38
18 电动力学	140	102		38
19 量子力学	124	100		24
20 物理学史	64	64		

48　来源于访谈者 B-1，访谈时间：2019-10-23。

49　来源于访谈者 B-1，访谈时间：2019-10-23。

50　沈克琦、赵凯华主编，《北大物理九十年》[M]，北京：北京大学出版社，2003 年，第 47 页。

课程名称（必修）	学　时			
	总学时	讲授	实验	课堂讨论、习题等
21 专门课程及专题讨论	364	364		
22 专门化实验	314		314	
学时合计	4285	2119	945	1221

2.1.3 与科研密切相关的专门化项目

北京大学培养出来的学生不仅应具有广博、系统的基础知识，同时还要接受较高深的专业与专门化训练。这二者被"予以同等的重视"[51]，以呼应综合大学"教学机构"和"科研机构"的双重定位，培养有研究能力的专门家。

2.1.3.1 苏联的专门化项目

上文已经多次提及专门化。苏联的高等学校在设置上分为三级：学系-专业-专门化。国家先根据需要按计划规定对应职业的专业[52]，这之后，几个性质相近的专业可以结合成为一系，同时一系也可以只有一个专业[53]。在每个专业内部，再分设不同的专门化。苏联认为，综合大学专门化的目的是按某一学科的不同部门，为科研机关、工厂实验室与高等学校培养高级干部[54]。由于一个人不能同时在同一学科的不同部门成功进行工作，因此，培养研究工作方面的干部必须按专门化来进行"[55]。值得注意的是，为了培养有利于国家建设的高级专门人才，专门化必须紧密地与科学研究相互结合。因为，没有科学研究工作，高等学校就无从按照现代科学水平的要求来实现培养专家的工作，培养科学师资及提高他们的业务水平也是不可想象的[56]。在苏联，一

---

51 《关于修订教学计划若干关系的规定及各系科修订教学计划的意见》（1954）[Z]，北京大学档案馆馆藏，档号：30354011。

52 注：这主要是就专门学院而言，综合性大学的专业设置基本对应学科。

53 曾昭伦，〈高等学校的专业设置问题〉[J]，《人民教育》，1952 年第 9 期，第 7 页。

54 《北大物理系教师与苏联专家 B·A·柯诺伐洛夫的对话》（1953）[Z]，北京大学档案馆馆藏，档号：102。

55 杜勤、睢行严，《北京大学学制沿革 1949-1998》[M]，北京：北京大学出版社，2000 年，第 24 页。

56 资料来源：高尔琴科，《苏联高等学校教学研究组的基本任务及工作方法》，高等教育部档案，1954 年长期卷 31，转引自胡建华，《现代中国大学制度的原点：50 年代初期的大学大学改革》，南京师范大学出版社，2001 年，第 253 页。

般"必须先有科学研究，而后建立相应的专门化"[57]。

专门化的任务由专门化教研组承担。所谓教研组，是高等学校的基本教学组成，它直接负责进行高等学校中一门或数门性质相近的课程的教学，教学方法及科学研究工作[58]。教研组设教研室主任一名，一般由正教授担任。以莫斯科大学物理系专门化各教研组为例（详见表 2-8），每个教研组都由一个极具权威的学者担任主任，这个教研组主任同时还是苏联科学院研究所的负责人。如核子物理专门化教研组主任斯克贝尔琴院士是苏联科学院物理研究所所长，晶体物理教研室主任舒勃尼科夫院士同时是苏联科学院晶体研究所所长[59]。在相关课程学习的基础上，教研组所有教师和学生要共同就相关课题展开科学研究。可以说，一个教研组就是一个"学派"，教研组主任决定着整个的研究方向，他"带领着一套门徒展开研究工作，以后再逐步扩展，将成就布满其领域内各点上去"[60]。中国高等教育访苏代表团曾这样描述自己看到的专门化教研组："走进一个教研组，往往只觉得自己是在一个实验室内，看到有一批人在紧张地劳动着，做着不同大小的研究工作，你不能分清哪些是教学的工作，哪些是研究的工作。可以说，在高年级，研究就是教学工作的主要内容，而教学工作融合在研究工作当中。[61]"

表 2-8　莫斯科大学物理系专门化及其下设教研组情况表[62]

专门化	教研组
核子物理	核子物理、宇宙线、加速器、放射性核谱、原子物理和电子现象
理论物理及数学物理	统计物理、量子力学和电动力学、数学

57　《北大物理系教师与苏联专家 B·A·柯诺伐洛夫的对话》（1953）[Z]，北京大学档案馆馆藏，档号：102。

58　《苏联高等学校教研组的基本任务及工作方法》（1953）[Z]，北京大学档案馆馆藏，档号：3。

59　《高等教育工作者访苏代表团综合大学小组总结报告》（1957）[Z]，北京大学档案馆馆藏，档号：113。

60　《莫斯科大学校长彼得洛夫斯基与中国访问代表团的谈话》（1957）[Z]，北京大学档案馆馆藏，档号：113。

61　《高等教育工作者访苏代表团综合大学小组总结报告》（1957）[Z]，北京大学档案馆馆藏，档号：113。

62　《四个物理系的组织教学和科学研究情况》（1957）[Z]，北京大学档案馆馆藏，档号：113。

专门化	教研组
固体物理	固体物理、晶体物理、磁学、半导体
分子物理	分子物理
低温物理	低温物理
光学光谱	光学及光谱学
无线电物理	震动理论、声学、电子学、无线电技术、电磁波的传播、发送及输送
地球物理	大气物理、地壳物理、海洋物理

　　苏联综合大学专门化及与之密切相关的教研组设置与德国大学的"讲座制度"有极深的渊源。近代德国大学作为"科学的养成所（scientific schools）"，围绕着按学科和专业设置的讲座（instituteso: seminars）展开科学研究。每个讲座由一名讲座教授全权负责。作为"研究与教学并重的独立的科学机构"[63]，德国大学还依靠"讲座"培养学生。这个培养过程并不是"通过固定教材进行系统的教授"[64]，而是"通过活生生的人物，为听者（学生）试图进入某一学科提供一个关于该领域的生动概览。""关于这门科学的基础性问题和基本概念，关于获取知识的方法和储存，最后是关于它与整个人类知识及人生基本目的的关系等，讲座都应该为听者（学生）起到点拨的作用，并通过这种方式引起听者对科学的积极兴趣，引导他们获得对科学的独立见解。[65]"在此基础上，教师与学生相互合作、共同增进知识。"前者并不是为了后者，两者都是为了科学，教师的工作离不开学生的存在，如果没有后者，前者也就不会有所成就，如果学生不去主动追随教师，教师就会去四处寻找他们以便更好地实现自己的目标。他要把自己的一颗固执与僵硬却练达的心，同学生的尽管弱小、未经雕琢但却充满活力与开放的心，揉合到一起。[66]"

　　沙俄时期的俄国大学全面学习德国"讲座"制度，并逐步演化为具有本土化特征的"专门化"及"专门化教研组"制度。不过，苏联时期，大量的专门学院并不设置专门化，相应地，这些学院的教研组更多地承担教学任务而

63 [德]弗里德里希·包尔生著，《德国大学与大学学习》[M]，北京：人民教育出版社，2018 年，第 54 页。

64 谢安邦，《比较高等教育》[M]，桂林：广西师范大学出版社，2002 年，第 4 页。

65 [德]弗里德里希·包尔生著，《德国大学与大学学习》[M]，北京：人民教育出版社，2018 年，第 192 页。

66 [德]弗里德里希·包尔生著，《德国大学与大学学习》[M]，北京：人民教育出版社，2018 年，第 54 页。

非科研任务。与之形成鲜明对比的是，承担着教学和科研双重使命的综合性大学设置专门化，并配之以教学科研并重的专门化教研组。其中，像莫斯科大学这样科研实力较强的综合性大学设有较多的专门化，一般的以培养中学师资为主要任务的综合大学则由于科研能力不足仅在少数专业开展专门化项目。莫斯科大学的专门化项目一般是从四年级下半年开始启动，在专门化教研组中进行，一直到毕业论文完成[67]。由于专门化项目是与科学研究工作完全结合的，因此专门化项目被分为两部分，一部分是为了熟悉科学研究工作的内容和方法（如表 2-9 中莫斯科大学无机化学专业专门化安排中的共有课程[68]"研究无机化合物的方法"和"无机化学选读"，四个专门化方向均需修读），另一部分则是研究工作的一部分（如表 2-9 中的专门化课程，每个专门化方向的专门化课程是不同的）。专门化项目与科研实践的紧密结合对培养"现成的专家"是极为有利的。值得注意的是，在 4 年级开展专门化项目之前，这些专门化项目的学生被要求学习完全一样的公共必修课、相近专业共同基础课、专业基础课，这被认为是保持不同专业和专门化之间紧密学科联系的必要手段。

表 2-9　莫斯科大学无机化学专业专门化及其课程安排[69]

专门化方向	共有课程	学　时	专门化课程	学　　时
物理化学分析	研究无机化合物的方法	40（讲授）	物理化学分析	400（讲授 76，实验 324）
稀有元素化学			稀有化学分析	400（讲授 76，实验 324）
络合物化学	无机化学选读	40（讲授）	络合物化学	400（讲授 76，实验 324）
同位素化学			同位素化学	400（讲授 76，实验 324）

2.1.3.2　北京大学为国家建设服务的专门化设置

早在蔡元培主政时期，为了"使大学为最高文化中心，定吾国文明前途

67　《高等教育工作者访苏代表团综合大学小组总结报告》（1957）[Z]，北京大学档案馆馆藏，档号：113。

68　注：档案材料仅显示了莫斯科大学物理学专业专门化的具体方向，具体课程安排说明不详，故该部分以有档案材料支撑的莫斯科大学化学专业专门化项目为例进行说明。

69　《1949 年苏联高等学校各类教学大纲》（1949）[Z]，北京大学档案馆馆藏，档号：8。

百年大计"[70]，北京大学就有向德国大学学习，"延聘纯粹之学问家，一面教授，一面与学生共同研究，以改造大学为纯粹研究学问之机关"[71]的认识和努力。在师生"为科学而共处"[72]的"研究所"里，分设通讯研究员和研究员两类。其中研究员由毕业生和高年级学生组成，通讯研究员即是指导教师。1918 年初，北大研究所 148 名研究员中，毕业生 80 人，高年级学生 68 人，另有通讯研究员 89 人（其中理科 18 人，文科 71 人）[73]。

新中国成立之后，教育部在 1950 年颁布的《高等学校暂行规程》中首次明确提出教学研究指导组的设置，并指出教学研究指导组是"教学的基本组织"[74]。1951 年，教育部在《关于华北区高等学校教学研究指导组暂行办法》中再次要求高等学校各系科担任性质相近课程的教师，组织教学研究指导组，进行有组织有领导的教学活动和科学研究活动，以彻底改变旧大学那种教学和科研工作的无政府状态[75]。不难发现，在 1951 年的这份文件中，作为学习苏联的产物，教研组的科研功能才首次得到了强调。同年，中国人民大学设置了我国最早的"将课程性质相近的教师们集合在一起，集教学、科研和培养研究生于一体的基本教学单位[76]"——教研室。北京大学在 1952 年向苏联学习之初，就出现了"对应某一门具体课程"、"由该门课程教师组成"、"以完成这门课程教学活动为任务"的"教学小组"[77]。但是，由于全面学苏刚刚开始，和国内其他综合大学一样，北京大学还只是照搬了苏联专业设置和必修课方面的教学计划，尚未开展专门化实践，因此与专门化紧密相关的教学研究组"科学研究的重要意涵"尚未获得学校的理解和真正落实。

1953 年，各综合大学的专业设置已大致确定，高等教育部要求各综合大

70 蔡元培，《告北大学生暨全国学生书》[N]，《北京大学日刊》，1919-07-23。

71 高平叔编，《蔡元培全集（第三卷）》[M]，北京：中华书局，1984 年，第 11 页。

72 高平叔编，《蔡元培全集（第四卷）》[M]，北京：中华书局，1984 年，第 210 页。

73 左玉河，〈中国现代大学研究员制度的创建〉[J]，《北京大学教育评论》，2010 年第 7 期，第 54-64、189 页。

74 《高等学校暂行规程》[A]，上海市高等教育局研究室等编，《中华人民共和国建国以来高等教育重要文献选编（上）》[M]，1979 年，第 9 页。

75 资料来源：华北区高等学校教学研究指导组暂行办法，教育部档案，1951 长期卷49，转引自胡建华，《现代中国大学制度的原点：50 年代初期的大学大学改革》，南京师范大学出版社，2001 年，第 253 页。

76 《中国人民大学的教研室工作》[N]，《人民日报》，1951-03-30(3)。

77 胡建华，《现代中国大学制度的原点：50 年代初期的大学大学改革》[M]，南京：南京师范大学出版社，2001 年，第 253、262 页。

学"应迅速确定以哪些专业作为发展重点，每个专业应确定向哪些专门化方向发展，并以哪个专门化做重点。[78]"接到高教部的指示之后，北大迅速提出专门化设置的原则：（1）国家建设的需要，这是应首先考虑的问题；（2）学校的具体条件，如师资条件、设备条件、学生水平和聘请苏联专家的计划等；（3）科学的系统性；（4）根据目前的实际情况重点设置，非重点的可暂缓开设；（5）应与外校或科学院适当分工，避免不必要的过多重复[79]。从上述 5 项原则不难发现，对于 20 世纪五十年代的新中国综合大学而言，专门化与蔡元培时期的研究所、以及莫斯科大学专门化所因袭的德国讲座制度最大的不同在于，研究所与讲座制度下师生的科学研究是独立的，教学与科研共同为追求真理服务，"知识本身即为目的"[80]。国家的职责除了提供必需的物质手段、挑选合适的人选之外别无其他[81]。而对于新中国而言，高等学校必须克服"为知识而知识"、"为学术而学术"的空洞教条主义偏向，力求与国家建设的实际相结合[82]，开展"有明确目的性和计划性"[83]的科学研究。因此，专门化的设置虽然也考虑到了科学的系统性等方面，但最为重要的还是要为国家建设服务。

1954 年，为了迎接即将到来的专门化建设，北大将延续多年的四年学制改为五年。1956-1957 学年第一学期，专门化项目首次为北大高年级学生开设。学习苏联设立的"教研室"承担了专门化课程、专门化实验的开设以及学生科研实践的指导工作[84]。表 2-10 展示了北大 1956-1957 学年为高年级学

---

78 《关于各综合大学研究发展重点与方向的指示》（1953 年 5 月 18 日）[Z]，北京大学档案馆馆藏，档号：3031953019。

79 《专门化设置问题报告》（1953 年 8 月 3 日）[Z]，北京大学档案馆馆藏，档号：3031950013。

80 [英]杰勒德·德兰迪，《知识社会中的大学》[M]，北京：北京大学出版社，2019年，第 53 页。

81 [德]弗里德里希·包尔生著，《德国大学与大学学习》[M]，北京：人民教育出版社，2018 年，第 54 页。

82 东北师范大学、陕西师范大学高等学校干部进修班编，《中华人民共和国高等教育大事记（1949-1981）》[M]，1982 年，第 11 页。

83 《高等教育部关于全国综合大学会议的几个会议的报告》[Z]，高教部文件，1954-07-09。

84 注：在 1953 年 11 月发布的《北京大学教研室和教研室主任暂行工作条例》（北京大学档案馆馆藏，档号：30353007）中，教研室被界定为"本校进行教学工作和科学研究工作的基层组织"。教研室除了担负制定、修订教学大纲、改进教学方法的任务，还要负责组织教师的政治学习和开展科学研究。

生开设的专门化项目。研究者发现，专门化项目开设的口径还是较宽泛的，基本上是按照学科的分支而非具体的科学研究方向进行划分。这是因为，国家建设的工作才刚刚展开，如果学生所学范围过窄，与将来的工作要求不一定适应；另一方面，大学生的程度还很低，过专过深的课程亦无法接受[85]（暂时未制定出专门化项目的学系在 1957 年之后也陆续制定出专门化项目）。

表 2-10　1956-1957 学年第一学期北大专门化项目列表[86][87]

学　系	专门化项目	人　数
数学力学	计算数学	15
	微分方程-数论	25
	概率论-实变函数	27
	复变函数-代数-几何	23
	应用力学	15
	弹性力学	27
	流体力学	40
物理	理论物理	不详
	光学	不详
	半导体物理	不详
	金属物理	不祥
	磁学	不详
	无线电物理	不详
	电子物理	不详
	地球物理	20
化学	无机化学	35
	有机化学	30
	分析化学	30

85　《专门化设置问题报告》（1953 年 8 月 3 日）[Z]，北京大学档案馆馆藏，档号：3031950013。

86　《报送专门化及人数》（1956）[Z]，北京大学档案馆馆藏，档号：30356003。

87　沈克琦、赵凯华主编，《北大物理九十年》[M]，北京：北京大学出版社，2003 年，第 44 页。（"报送专门化及人数"相关档案中未出现物理系专门化项目情况，这部分从《北大物理九十年》中补充，人数信息不详）

学　系	专门化项目	人　数
	物理化学	30
	胶体化学	17
生物学	高等植物学	27
	昆虫学	13
	植物生理学	45
	脊椎动物学	13
	人体及动物生理学	19
	生物化学	19
历史	考古	31
	中国古代史	26
	中国近代史	28
	亚洲史	11
	世界史	10
中国语言文学	汉语	20
	文学	70

专门化项目开展当年（1956年），北京大学就举办了"学生科学报告会"，会上，有66篇不同专门化方向学生的论文成果面向全校汇报。这次报告会上，北大还宣布成立学生科学研究协会。这之后，全校迅速成立了180多个科学研究小组，1700多学生参加，约占学生总数的四分之一[88]，这足以证明学生借助专门化开展科学研究的积极性和热情。以物理系无线电物理专门化为例，该专门化开设了脉冲电路基础、振动理论、微波原理及技术、晶体管电路、无线及无线电波传播等五个专题及讨论会，以及一组专门化实验[89]。在此基础上，无线电物理专门化学生还在无线电教研室老师的带领下应用超高真空技术研制成了场发射电子显微镜，并第一次成功地观察到了原子图像，同时研制成了超高真空规管[90]。

---

88 东北师范大学、陕西师范大学高等学校干部进修班编，《中华人民共和国高等教育大事记（1949-1981）》[M]，1982年，第75页。

89 沈克琦、赵凯华主编，《北大物理九十年》[M]，北京：北京大学出版社，2003年，第117页。

90 沈克琦、赵凯华主编，《北大物理九十年》[M]，北京：北京大学出版社，2003年，第117页。

由于专门化是建立在"雄厚的基础课和专业课"[91]之上的，因此专门化的设置不仅没有影响到学生大学阶段前 3-4 年基础的塑造，还极大地提升了学生的科研能力和解决问题的能力，使学生一毕业就能走上实际的科研岗位，真正地做到国家建设需要的"学用一致"。

2.1.4 注重培养独立工作能力

2.1.4.1 分层的实验课程

为了培养具有独立工作能力的专门家，苏联大学特别强调要减少课堂时间（特别是讲授时间），减少讲授内容，把一切细节转移到习题、实验、生产实习等环节[92]。针对基础理科的实际情况，苏联综合大学设置了与理论课程并行的一系列独立实验课程[93]，实验课程的目的是介绍给学生"用实验的方法研究一门学科"。它包括普通实验、中级实验、专门化实验三个递进的层次。我们仍以物理学专业为例来说明实验课程培养学生独立工作能力的逻辑。

普通物理实验（一、二年级）。普通物理实验是整个实验课程的基础，要尽量配合普通物理课讲授的内容和进度，一方面交给学生必要且充分的实验基础知识，另一方面初步培养学生实验的独立能力（如如何着手一个实验的进行、如何避免实验发生错误、如何设法减小实验误差）[94]。莫斯科大学的普通物理实验分四个学期进行。第一学期主要配合力学课程做力学实验，第二学期配合分子物理课程做分子物理实验，第三学期配合电学、磁学课程做电磁学实验，第四学期配合光学课程做光学实验。每个学期的实验分别是 12个，除特别复杂的实验外，均要求一人一组进行。学生在做实验一周前必须把实验的内容（包括实验中的理论，实验步骤方法等）准备好（一般花 4 小时），在实验开始前，教师先检查学生预备情况，未预备好的不准做实验。做

---

91 东北师范大学、陕西师范大学高等学校干部进修班编，《中华人民共和国高等教育大事记（1949-1981）》[M]，1982 年，第 38 页。

92 《苏联综合大学的教学工作》（1957）[Z]，北京大学档案馆馆藏，档号：113。

93 注：苏联综合大学文史哲等基础文科教师水平相对较低（许多从短训班毕业的教师占据了讲席，一时不易更换），且由于教条主义的影响和国家对文科研究资料方面的限制，苏联文科整体科研能力较弱。因此苏联大学文科通过实习实践培养独立工作能力方面的经验不多。

94 沈克琦、赵凯华主编，《北大物理九十年》[M]，北京：北京大学出版社，2003 年，第 82 页。

完实验之后学生不需要再做实验报告[95]。

中级物理实验（又称专门实验，三、四年级）。 中级实验是承前启后的，在于使学生学会阅读参考文献，学会如何用实验方法研究物理现象和规律，学会在今后工作和科研中所需的物理实验方法和技术，从而为毕业论文和科学研究打基础[96]。学生可以根据兴趣和进入某一专门化的愿望，在教师指导下选做中级实验。以莫斯科大学物理化学实验为例，相关实验 7 个，每个实验均需花费较多时间，其中最复杂的一个要做 5 次，共 30 小时。学生在实验之前，需要自己念文献，设计实验，然后把准备结果给老师审查批准后，才可以领取实验材料。实验的结果，必须做详细的实验报告，由负责教师评判[97]。这种形式的实验被看作走向专门化教研室做研究工作的第一步。

专门化实验（四、五年级）。 前两类实验都有实验指导书（说明书内包括实验目的、理论基础、必须公式的来源和证明，仪器材料的特点、构造、图样、用法，整个实验的连接图、实验的次序、做法、要求、需要什么结果，交实验报告前需要看的参考书[98]），学生主要通过自学加自己动手的方式锻炼独立工作的能力，教师并不做过多的帮助。到了专门化实验阶段，学生则要进入具体的专门化教研组，成为教授的"门徒"，在教授的直接指导和带领下开展专门化实验。专门化实验的目的是科学研究。

20 世纪 50 年代，北京大学物理系全面学习苏联，也将实验课设计为一二年级的普通物理实验、三四年级的专门物理实验和无线电实验、四五年级的专门化实验三个层次。鉴于学生的实际水平，北京大学一二年级的普通物理实验并未照搬莫斯科大学的经验，而是在"手把手教"、"归纳总结"的基础上，才选择较为简单的实验让学生独立去做[99]；三年级下和四年级上学期的专门物理实验由电子学、固体物理、光学及辐射三个专门化教研室共同开设

---

95 《高等教育工作者访苏代表团综合大学小组总结报告》（1957）[Z]，北京大学档案馆馆藏，档号：113。

96 沈克琦、赵凯华主编，《北大物理九十年》[M]，北京：北京大学出版社，2003 年，第 89 页。

97 《高等教育工作者访苏代表团综合大学小组总结报告》（1957）[Z]，北京大学档案馆馆藏，档号：113。

98 付克，〈苏联大学生的实验实习工作〉[J]，《人民教育》，1952 年第 12 期，第 34-35 页。

99 沈克琦、赵凯华主编，《北大物理九十年》[M]，北京：北京大学出版社，2003 年，第 82 页。

[100]，一共安排了 14-16 个，每两周做一个（其中课上 6 学时，课下 6-8 学时进行预习、数据处理、写实验报告等）[101]。在高年级的专门化实验中，物理系各专门化教研室首先安排一些帮助学生熟悉专门化方向内容和方法的实验（如热物理专门化安排了 8 个实验，共计 160 学时），然后引导学生结合自己的毕业论文，在教师的指导下借助实验开展初步的科学研究。

应该说，上述实验课程的设计循序渐进地培养了学生细致的观察能力、严谨严肃的科学态度（普通物理实验）、借助文献进行总结归纳的能力、熟练的实验技术能力（中级实验）和在老师指导下的创新能力（专门化实验）。不过，与莫斯科大学相比，北京大学的中级实验存在"排得过死，过满，每次时间过短"[102]的问题（莫斯科大学仅安排 7 个实验，北大安排了 14-16 个实验）；在专门化实验阶段，鉴于学生、教师科研能力和水平的普遍不足，北大存在"许多专门化实验和普通实验等量齐观，为学生准备好一切"[103]的情况。这无疑影响了学生独立工作能力的培养。应该说，上述问题与中国高等教育仓促学习苏联，自身准备不足有关，也与中国"重视抽象思维而不愿动手"的传统有关。

2.1.4.2 特有的口试制度

为了塑造学生坚实的基础和灵活的应对能力，从而使其在毕业后的工作中独当一面，我国高等教育还学习苏联制定了特有的口试制度规范。在高教部学习苏联制定并发布的《高等学校课程考试和考查规程》中规定[104]："教学计划是按照国家所需要的干部规格而制定的，教学计划所规定的全部课程，学生都应该学好，否则就会影响培养干部的质量。为了检查学生掌握情况，巩固所学知识，保证高等学校培养合乎规格的建设人才，必须严格考试制度……所有课程分考试和考查两种方式进行考核。"其中，"考试原则上采用

---

100 吕林编著，《北京大学》[M]，长沙：湖南教育出版社，1989 年，第 103 页。

101 沈克琦、赵凯华主编，《北大物理九十年》[M]，北京：北京大学出版社，2003 年，第 89 页。

102 《高等教育工作者访苏代表团综合大学小组总结报告》（1957）[Z]，北京大学档案馆馆藏，档号：113。

103 《高等教育工作者访苏代表团综合大学小组总结报告》（1957）[Z]，北京大学档案馆馆藏，档号：113。

104 《高教部发布高等学校课程考试和考查规程》（1955）[Z]，北京大学档案馆馆藏，档号：30355026。

口试，按优等、良好、及格、不及格四级评定考试成绩⋯⋯在评定考试成绩时，只能按学生回答问题的结果评定，不能按平时成绩评定。如果教师怀疑学生是偶然回答得好或者回答的不好时，可以提出补充问题以验证学生的真正知识水平⋯⋯相比考试，考查是对学生平时作业进行总结性地检查。考查按及格、不及格两级评定成绩。（生产实习、课程设计、机械制图和化学专业的分析化学考查，按四级评定考查成绩）。如果教师按照学生平时的实习和实验报告、测验、课外作业和课堂讨论时的发言等，认为不需要对学生提问即可以给他评定为考查及格时，可以在最后一次实验或实习课上，给以考查及格的成绩。对于不能按平时作业的成绩立刻确定他考查及格的学生，就要在规定的考查时间内进行考查。教学计划规定为进行考查的理论课程，可以在期中和期末做两次测验或仅期末进行。测验可以用口头谈话方式进行，也可以用书面测验的方式进行。测验不必事先拟定考卷，而且比考试的要求应该低一些。考查的目的主要是看学生是否按规定正确地完成了给他规定的作业。考查不应该要求过高，不应该把考查变成变相的考试⋯⋯考试日程表由系主任制定，经教学副校、院长或教务长审查，校、院长批准后，在考期开始前一个月通知教研组和学生。编制考试日程表时，应该按照课程的分量和难易程度安排，使学生对每门课程有 2-4 天的复习时间。并且，所有考查应该在考期开始之前进行完毕。这样就能保证学生有充足的复习时间。"

按照苏联考试制度的逻辑，知识的掌握是属于思想领域中的东西，不可能用机械的方法丝毫不差地测量出来[105]，因此，用百分制以百分比来说明学生的成绩是不科学的。相比之下，口试制度四级记分法则是在学生经过复习之后进行的口试中，以教学大纲的要求作为标准，根据学生回答问题时所表现出来掌握该门课程的实际程度评定优、良、中、劣的成绩，这种记分法所依据的不是一个绝对的标准，它能够考察到学生通过学习所形成的能力，故而更加合理。作为教学过程中的重要一环，考试的目的不仅仅在于正确地测验学生学习成绩，检查教师教学效果以改进教学工作，更重要地在于帮助学生系统地巩固、消化所学知识，这种"系统地巩固与消化"通过考试之前教师领导学生进行的复习、考试中师生以对话形式进行的"交换意见"和考试之后主考教师针对学生平时学习和考试中所暴露的问题、缺点及努力方

---

105 《苏联专家杨波利斯基：考试是教学过程中的一个重要环节》（1954）[Z]，北京
　　大学档案馆馆藏.档号：30354005。

向给予的评语进行。相比"通过提前准备，死记硬背可能出现问题的答案来提高学习成绩"[106]的笔试方式，口试方式要求学生必须主动地、深入的学习，从而对课程内容有全面系统地理解，进而与自己的经验相结合将知识内化为真正属于自己的结构。这被认为是培养学生独立运用知识进行工作的重要手段。

高教部规定，1955 年之后，所有高等学校都必须按照上述考试和考查的相关要求组织考试，而北京大学作为高教改革的先锋，在 1951 年已经开始实践苏联的考试制度。这一实践中有两点值得我们重点关注。第一，关于考试的科目数。北京大学规定"每学年第一学期考试门数以 2-3 门为原则，最多不得超过 4 门，第二学期以 3-4 门为原则，不得超过 5 门"[107]（在苏联模式下，许多课程是学年课程，第一学期进行考查，第二学期再进行考试，因此第二学期的考试门数相对较多）。第二，关于口试的考题。为了更准确地考察学生的掌握程度，北京大学规定"口试考题的数目不宜过少，一题内包括两题或三题，全部题目应包括课程的全部内容，考题的性质可有不同，如一题是较大的理论题目，偏重于发挥；一题范围较小，偏重于实际应用；一题则侧重于扎实的记忆。题目本身应富有启发性，能考虑到口试时应如何进行启发思考"[108]。访谈对象 B-1 回忆了 1950 年代北京大学物理学专业考试的情况：当时的考试是一件十分神圣的事情，考试之前，学生要"刮胡子打领带"，到助教处进行抽签。不同的签对应不同的考题，学生抽到考题后退出教室进行一小时的准备，之后由主讲教师和几个教研室老师组成的考试委员会进行口头考试。考试口述十五分钟左右，然后由考官进行提问。口试主要看重学生对于基本问题的理解，有计算题，但是不多。即便是对计算的考察，也主要是考察计算的步骤和思路。在访谈对象 B-1 看来，口试的过程像是"自己上一堂课"[109]。从上述分析不难发现，除重要基础课之外的大量专业课采取考查的方式进行，使得学生可以将更多的时间精力投入到基础课的学习上；而口试制度侧重考察学生综合能力的设计则有利于塑造学生扎实的、宽厚的基础。

106 [德]弗里德里希·包尔生著，《德国大学与大学学习》[M]，北京：人民教育出版社，2018 年，第 339 页。

107 王学珍、王效挺，《北京大学纪事》[M]，北京：北京大学出版社，1998 年，第 609 页。

108 《学年度考试工作总结》（1952）[Z]，北京大学档案馆馆藏，档号：30352008。

109 来源于访谈者 B-1，访谈时间：2019-10-23。

综上所述，照搬莫斯科大学的苏联综合大学人才培养模式，北京大学发生了如下几个根本性的变化：（1）学校人才培养的定位由"专心增进学识，修养道德，锻炼身体，预备将来解决中国的——现在不能解决的大问题[110]"的、不能立即产生效用的"纯粹学问家"[111]转变为"研究高深学问"，但必须保证"学用一致"、"服务国家建设迫切需要"的"实用"高级专门人才。（2）配合培养专才的要求，将从五四时期开始延续多年的学分制彻底改为学年制，统一教学计划和教学大纲，取消选修，所有课程都是必修，没有灵活的余地。（3）课程设置文理分明。北京大学原有的通识类课程被严重削弱，学校转而增设了大量的政治类课程。（4）根据综合大学的定位，学校重视学生宽厚共同基础的塑造，重视培养业务素质的专门化项目的开展，重视实验课程，以为学生毕业后从事具体的科学研究工作，成为专门家（而非科学家）做好准备；（5）改革考试制度。通过减少考试科目和改变考试形式，帮助学生打造更加扎实和宽厚的基础，并在这个过程中培养学生理解和运用知识的能力。这些变化在特定的历史时期，对快速培养国家建设需要的各类人才起到了极大的促进作用，完全契合新中国成立初期国家对北京大学的定位。

当然，我们也应看到，莫斯科大学和苏联科学院的紧密连带（许多教研室主任同时也是苏联科学院的研究所领导，是引领一个学派的专家）使其在科学研究方面具有得天独厚的优势，这种优势保证了其塑造科研能力的高阶实验课程、专门化项目能够顺利开展。反观北京大学，由于缺乏莫斯科大学那么强大的科研实力，北大很多情况下是先根据国家建设需要设立专门化，而后再开展相关的科学研究，于是，与学习对象苏联莫斯科大学相比，北京大学在借助专门化开展科学研究、借助专门化实验培养学生的独立工作能力方面相对薄弱，这为之后专门化沦为一组课程，甚至变成一个极其狭窄的专门方向埋下了伏笔。

---

110 蔡元培，《去年五月四日以来的回顾与今后的希望》[N]，《晨报》，1920-05-04（五四纪念增刊）。

111 注：蔡元培认为"研究学问，就是要接受一种有系统的知识，窥破其不足或不确之处，专心研究，以发明或新发现来补充它或改正它"，相比之下，苏联模式下研究学问虽也指向学问本身，但更重要的是要为国家建设服务。（参见孙常炜，《蔡元培先生年谱传记：下册》[M]，台北：国史馆，1987年，第556页）

2.2 自主探索：培养无产阶级劳动者

2.2.1 从"专家"到"劳动者"

1956 年，毛泽东在"论十大关系"一文中明确指出："前八年（我们）照抄外国的经验，但从提出十大关系起，要开始找到一条适合自己的路线"[112]（这一论断在当时不无道理，20 世纪 50 年代我国确实存在照抄照搬苏联模式的倾向。以北大为例，当时大到毕业论文的形式，小到桌椅怎么摆花盆如何放，都要严格按照苏联专家的要求办[113]）。在这一理念指导下，我国在上世纪 50 年代后期推翻了学习苏联培养"具有一定的马克思列宁主义水平，实际工作所必需的基本知识，掌握科学技术的最新成就和理论联系实际的能力，并且身体健康、忠实于祖国、忠实于社会主义事业和准备随时报效祖国的高级专门人才"[114]的定位，确立了"教育为无产阶级政治服务，教育与生产劳动相结合"、"培养有社会主义觉悟的有文化的劳动者"[115]的全新教育方针。紧接着，中国共产主义青年团中央委员会根据上述全新的教育方针，作出了《关于在学生中提倡勤工俭学的决定》。决定认为，"实行勤工俭学，可以使学生在获得文化知识的同时，受到体力劳动的锻炼，掌握一定生产技能，培养劳动习惯和艰苦朴素的作风，加强和劳动人民同甘共苦的思想感情"[116]。"有步骤实行半工半读教育制度"的提法很快得到了高教部的认可。在"半工半读"教育制度的指导下，高等教育领域开展了"大跃进"式的"以克服脱离劳动、脱离群众和忽视政治忽视党的领导为主要内容"[117]的教育革命，北大物理、化学、数学等理科系纷纷建立各种小工厂，开展科学实验和机器制造，历史、哲学、经济、图书馆等文科单位师生，则深入社

112 毛泽东，《论十大关系》[A]，《毛泽东著作选读（下册）》[M]，北京：人民出版社，1986 年，第 140 页。

113 汤侠生，《忆当年和苏联专家相处的日子》[A]，《北京大学哲学系简史》[Z]，1994年，第 305 页。

114 《中华人民共和国高等学校章程草案》[Z]，高教部文件，1956-05。

115 《关于教育工作的指示》[Z]，中共中央、国务院文件，1958-09。

116 刘一凡，《中国当代高等教育史略》[M]，武汉：华中理工大学出版社，1991 年，第 46 页。

117 刘一凡，《中国当代高等教育史略》[M]，武汉：华中理工大学出版社，1991 年，第 46 页。

会，在实践中学习，写出不少家史、村史、工厂史和调查报告[118]。这些活动导致教学秩序陷入混乱，教学计划不能执行，基础课教学质量严重下降。1964年，在毛主席"春节座谈会"讲话"学制要缩短"、"课程太多，压得太重"、"课程可以砍掉一半"、"考试制度要完全改变"的精神指导下，全国范围内又开始开展社会主义教育运动，北京大学于 1965 年将文理科、外语科所有高年级学生下放农村，与贫下中农同吃、同住、同劳动、一起学习。这种阶级斗争代替专业授课的做法使得教学秩序进一步陷入紊乱。

1966 年 5 月，《中国共产党中央委员会通知》的通过拉开了十年动乱的序幕。北京大学按照中央指示，停止统一考试招收新生。直到 4 年之后的 1970年 6 月 27 日，中共中央才批转《北京大学、清华大学关于招生（试点）的请示报告》，提出[119]："实行群众推荐、领导批准和学校复审相结合的办法"恢复招生，走上海机床厂从"工人中培养技术人员的道路"，培养"高举毛泽东思想伟大红旗，无限忠于毛主席、无限忠于毛泽东思想、无限忠于毛主席的革命路线的全心全意为社会主义革命和社会主义建设服务的有文化科学理论、又有实践经验的劳动者"。学制根据各专业具体要求，分别定为"二至三年"。上述培养目标导向意味着北京大学不再进行基础学科高深学问的探究，不再培养从事科学研究的专门人才，而是"理科直接为生产实际服务，文科成为无产阶级专政下继续革命的舆论工具"[120]，培养又红又专的、能解决实际问题的劳动者。以北京大学物理学系磁学专业为例，该专业培养"搞马克思主义，不搞修正主义，努力学习马克思主义、列宁主义、毛泽东思想，积极参加社会主义革命和社会主义建设，认真改造世界观，具有较高的阶级斗争、路线斗争和继续革命的觉悟，解决贯彻毛主席的无产阶级革命路线，全心全意为中国人民和世界人民服务的，掌握一定的磁学基本理论知识和有关技能，具有从事磁性材料的科学实验工作和解决有关生产实际问题能力的又红又专、身体健康的劳动者。"[121]中文系文学专业则培养"无限忠于毛主席，忠于

---

118 温儒敏，《北京大学中文系百年图史（1910-2010)》[M]，北京：北京大学出版社，2010 年，第 118 页。

119 中央教育科学研究所，《中华人民共和国教育大事记（1949-1982)》[M]，北京：教育科学出版社，1984 年，第 433 页。

120 杜勤、睢行严，《北京大学学制沿革 1949-1998》[M]，北京：北京大学出版社，2000 年，第 91 页。

121 《物理系专业教育方案》（1972）[Z]，北京大学档案馆馆藏，档号：30372028。

毛泽东思想，忠于无产阶级革命路线，在斗争中树立无产阶级价值观，永远为工农兵服务，为无产阶级专政服务，大造革命舆论的德、智、体都得到发展的有文化的劳动者"[122]。

2.2.2 从"宽口径的专业"到"把专门化办成专业"

从上一节对于苏联模式的历史回顾中我们已经看到，北京大学作为全国重点综合性大学，专业设置的口径是很宽的，即便是专门化的设置，也主要根据学科分支来划分。然而，到了自主探索的文化大革命阶段，为了培养直接服务于生产实际和无产阶级专政的社会主义劳动者，北京大学提出了全新的专业设置原则：（1）直接结合工、农业生产技术的实用专业；（2）与工厂、农业对口的专业；（3）为"无产阶级文化大革命"宣传服务的文科专业[123]。根据上述原则，北京大学许多基础学科专业如数学专业、理论物理专业暂时无法招生，生物学系由 50 年代的植物学、植物生理学、动物学等三个面向学科的专业改造为中草药、作物丰产、农业生物、新医药生物学、畜牧兽医、微生物等六个完全面向生产实际的专业，社会科学学科中的法律系更是因为公检法是修正主义路线的专政工具而干脆被取缔[124]。即使在国务院科教组《关于一九七三年招生工作的意见》指导下，北京大学调整了招生专业，一些基础学科开始纳入招生范围（如表 2-11，2-12 所示），我们仍发现，在 1973 年相对放宽的专业设置下，几乎所有系的专业都是 50 年代的专门化项目，原本宽口径的专业消失不见了。

表 2-11　北京大学专业设置及专业简介（1973）[125]

系　别	专业名称	学制	专业简介
数学力学	数学	三年	掌握必要的数学基础和计算技能，能运用数学工具解决自然科学、工程技术和国民经济中某一方面的实际问题

---

122 温儒敏，《北京大学中文系百年图史（1910-2010）》[M]，北京：北京大学出版社，2010 年，第 146 页。

123 杜勤、睢行严，《北京大学学制沿革 1949-1998》[M]，北京：北京大学出版社，2000 年，第 91 页。

124 杜勤、睢行严，《北京大学学制沿革 1949-1998》[M]，北京：北京大学出版社，2000 年，第 91 页。

125 《北京大学专业简介》（1973）[Z]，北京大学档案馆馆藏，档号：3031976006。

系　别	专业名称	学制	专业简介
	计算数学	三年	包括计算方法和程序设计两个方向
物理学	理论物理	四年	学习理论物理的基础知识，对核物理实验有一定的了解
	低温物理	三年	学习超导电性物理和低温物理实验技术
	激光	三年	学习激光物理的基本理论和激光技术知识，初步掌握激光方面的基本实验技术
	磁学	三年	学习磁学的基本理论和实验技术
化学	高分子化学	三年	侧重学习高分子方面的有关基本理论和实验方法
	催化	三年	侧重学习催化方面的有关基本理论和实验方法
	物理化学	三年	侧重学习物理化学方面的有关基本理论和实验方法
生物学	人体及动物生理	三年	学习生理学的基本知识，能从事生理科学实验以及生理学有关的实际工作
	植物生理生化	三年	联系农业生产实际，学习、掌握植物生理生化的基本理论及实验技术
	微生物生物化学	三年	掌握微生物学及生物化学的基本理论和知识，侧重于微生物育种，发酵生物化学分析制备及代谢方面的实验
	昆虫学	三年	联系农业生产实际，学习昆虫学基本理论与知识
地球物理学	地球物理	三年	学习地震、地磁地电、重力等基础理论知识，能进行地震预报的综合分析
	大气物理	三年	学习气象基础理论知识，能从事云雾物理、卫星气象探测和大气湍流扩散等方面的实际工作
	气象	三年	研究大气运动规律以及天气系统和天气过程的发生发展的物理机制
	空间物理	三年	学习高层大气结构、电离层物理和地球外层空间物理方面的知识
地质地理学	自然地理	三年	学习自然地理基本知识，掌握自然环境、自然资源的调查研究方法与有关实验技术
	地貌学	三年	学习、掌握地貌学与第四纪地质学的基础理论和基本工作方法
	古生物地层	三年	主要研究地质时期中保存的各种生物化石、用以划分和对比地层，恢复古环境，指导寻找矿产资源
中文	文学	三年	掌握马列主义、毛泽东思想的基本观点，能从事文艺创作、文艺评论和文字宣传工作

系 别	专业名称	学制	专业简介
	汉语	三年	具有汉语基础知识和实际工作能力，能从事中外汉语教学、辞典编纂、文字改革等工作
	新闻	三年	掌握一定的新闻理论和新闻业务知识以及调查研究的能力，能从事新闻工作和其他文字宣传工作
哲学	哲学	三年	掌握马、恩、列、斯、毛主席哲学思想的基本理论，具有一定的分析问题解决三大革命中实际问题的能力
经济学	政治经济学	三年	掌握马列主义、毛泽东思想的基本观点和专业的基本知识，能从事马克思主义政治经济学的理论宣传和研究工作
	世界经济	三年	掌握基本观点、基本知识，能从事世界经济理论宣传和研究工作
历史学	中国史	三年	掌握马列主义、毛泽东思想的基本观点，侧重学习中共党史和中国古代史，能运用历史科学从事理论宣传工作和研究工作
	世界史	三年	掌握基本观点，侧重学习国际共产主义运动史和民族解放运动史，能从事反帝反修的理论宣传工作和研究工作
	考古	三年	掌握基本观点，学习历史考古知识和考古技能，能从事文物考古研究工作
国际政治	国际政治	三年	本专业侧重在国际共产主义运动和民族解放运动两个方面。要求掌握马列主义、毛泽东思想基础理论，具有国际阶级斗争的基本知识
图书馆学	图书馆学	二年	掌握马列主义、毛泽东思想的基本观点，学习图书馆学的基本知识，具有一定的分析和解决大型和专业图书馆工作实际的能力
东语	阿拉伯语	四年	能较熟练地运用外语宣传马列主义、毛泽东思想，具有分析问题和解决问题的能力，能从事口、笔译和教学工作
	日本语	三年	
西语	英语	三年	
	德语	三年	
	法语	三年	
	西班牙语	三年	
俄语	俄语	三年	

表 2-12　北京大学专业设置及专业简介（汉中分校[126]，1973 年）[127]

系　别	专业名称	学制	专业简介
技术物理	原子核物理	三年	学习核物理基本知识和核实验技术
	放射化学	三年	侧重学习放射化学有关基本理论知识和实验方法
无线电电子学	无线电	三年	学习无线电有关基本知识和实验技术
	半导体	三年	学习半导体有关基本知识和实验技术
力学	力学	三年	学习力学有关基本知识和实验技术

仍以物理系专业为例。文化大革命时期，物理系被拆分为了物理学、地球物理系、技术物理系、无线电电子学系等多个系，仅物理学系就下设理论物理、低温物理、激光、磁学四个专业。这些曾经的专门化项目方向在 20 世纪 50 年代是在学生学完 3-4 年的基础课之后才进入的，到了文化大革命时期，却摇身一变成了独立的专业。全新的"专业"过度强调狭窄的面向，忽略了宽厚基础的培养。如物理学系磁学专业按照毛泽东"课程要精简"的思路，数学（序号 4）和物理化学（序号 5）基础被压缩到较少的比重，且多通过学生自学来完成（详见表 2-13）[128]。

表 2-13　北京大学物理学系磁学专业（1972 年）课程设置情况[129]

序号	课程名称	学　时				
		总学时	讲课	实验	自学	实践及其他
1	政治理论课	819	819			
2	军体课	702	234		468	
3	英语	317	200		117	
4	数学	533	180		353	
5	**物理和化学基础**	499	200	80	219	
6	光学	130	40	40	50	

---

126 注：汉中分校，北京大学 1962 年为备战而建立的尖端机密专业的办学点，因搞文化大革命没有完全搬迁。
127 《北京大学专业简介》（1973）[Z]，北京大学档案馆馆藏，档号：3031976006。
128 《物理系专业教育方案》（1972）[Z]，北京大学档案馆馆藏，档号：30372028。
129 《物理系专业教育方案》（1972）[Z]，北京大学档案馆馆藏，档号：30372028。

序号	课程名称	学　时				
		总学时	讲课	实验	自学	实践及其他
7	电磁与电磁波	172	86		86	
8	热力学与分子物理	70	35		35	
9	无线电	335	100	135	100	
10	制备	50	25		25	
11	铁磁学	280	120		160	
12	铁磁学实验及微波实验	200		200		
13	下基地及学工	514				514
14	科研训练	470				470
15	机动	70				70
	合计	5161	2039	455	1613	1054

2.2.3 从"课堂为中心"到"做中学"

莫斯科大学为了培养"现成的专家"，将课内外实践放在与课堂讲授同样重要的位置，不仅在课内有超过 1／2 的学时安排为实验、课堂讨论、习题课等，还另外安排了大量的课外生产实习以检验和巩固专门化课程中所习得的理论知识，以便学生毕业后能迅速适应实际工作。北京大学在 1950 年就建立起生产实习制度[130]。虽然因为学制的限制，在学习莫斯科大学的过程中部分压缩了社会实践的学时安排，但与新中国成立之前相比，学校社会实践的比例已经是大幅度增加了。

然而，到了文革时期，中共中央转批《北京大学、清华大学关于招生（试点）工作》中规定："今后高校课程分为三大块，以毛主席著作为基本教材的政治课；实行教学、科研、生产三结合的业务课；以备战为内容的军事体育课，同时，各学科的学生都要参加生产劳动"[131]。基于此，清华大学和北京大学学习"七二一大学"的经验，分别研究提出了理工科和文科"业务课"的具体教学形式。其中，清华大学提出理工科要破除"以课堂为中心，以书本

---

130 《北京大学六十年》（1958）[Z]，北京大学档案馆馆藏，档号：Z11.26。
131 李旭，〈"文化大革命"中的"教育革命"〉[J]，《党史博览》，2004 年第 9 期，第 51-55 页。

为中心"的陈旧观念，实行开门办学、厂校挂钩、校办工厂、以厂带专业[132]。与理工科以工厂为实习基地的做法相呼应，北京大学提出文科要"以社会为工厂"，批判封、资、修的反动思想体系，在斗争中学习运用马列主义、毛泽东思想[133]。文理科所谓"校厂挂钩"、"以社会为工厂"的办学方针，实际上完全取消了专业的正常课堂教学，转而片面强调社会实践的作用。由于"强调社会实践，怀疑一切专业知识，力求将知识分子融于生产实践和社会变革的斗争中去"[134]，北大甚至出现了"运动时间要多少给多少，劳动时间占多少是多少，学习时间剩多少算多少"[135]的怪象。在仅剩的少得可怜的学习时间中，学习效率也变得极其低下。以北京大学《1971年下半年教学时数安排》为例，除去政治学习，学生一学期课内外专业学习的时间只有300学时，其中课堂听课时间只有150学时[136]，另一半时间则被安排为生产现场教学。当时，现场教学不以教师为中心，不以课本为中心，而是请工人、农民讲，"干什么，讲什么，急用先学，立竿见影"；在被极度压缩的课堂教学环节，也强调要"以典型产品带动教学"和"以战斗任务组织教学"。所谓"以典型产品带动教学"，是指理科强调把整个课程教学分解为若干个典型产品，以产品为主线，凡是产品涉及到什么学科的知识就学什么知识[137]。如北京大学在高等数学课讲授"微积分"的部分，就以钳工用钢锉将正方形的器件挫成圆形为例，先将四角挫成八角再挫成十六角，无限地挫下去，成为一个圆形物件来讲解微积分的意义[138]。所谓"以战斗任务组织教学"主要针对文科，强调不能"弄玩具木头枪"，要"把文科办成写作班和运动系"，"以革命大批判带动教学"[139]。如北京大学国政系就通过"批判、注释"思茨基的《无产阶级专

132 清华大学工人、解放军毛泽东思想宣传队，〈为创办社会主义理工科大学而奋斗〉[J]，《红旗》，1970年第8期，第5-14页。

133 驻北京大学工人、解放军毛泽东思想宣传队，《文科要把整个社会作为自己的工厂》[N]，《人民日报》，1971-06-19。

134 [加]许美德著，《中国大学1895-1995：一个文化冲突的世纪》[M]，许洁英译，北京：教育科学出版社，2000年，第134页。

135 《理科教材座谈会简报》（1977）[Z]，北京大学档案馆馆藏，档号：30477001(10)。

136 杜勤、睢行严，《北京大学学制沿革1949-1998》[M]，北京：北京大学出版社，2000年，第97页。

137 周全华，《"文化大革命"中的"教育革命"》[D]，中央党校，1997年。

138 杜勤、睢行严，《北京大学学制沿革1949-1998》[M]，北京：北京大学出版社，2000年，第92页。

139 忻复丹，〈破坏文科教育革命的一面黑旗——揭批"四人帮"炮制的"结合战斗

政》这一"战斗任务"组织教学。学生首先要认真研读列宁的《无产阶级专政和叛徒思茨基》以及思茨基的《无产阶级专政》文本，然后和教师混编为四个小组，分别对不同的章节进行批注写作[140]。

生产现场教学和"以典型产品带教学"、"以战斗任务组织教学"把传统苏联高等教育中强调的"三基四性"（三基：基础理论、基础知识、基本技能，四性：科学性、系统性、逻辑性、严密性）完全颠覆掉了[141]。我们分别以1972级物理学系磁学专业的学年实践安排和1970级中文系文学专业的完整教学实践安排来直观展现这种片面强调实践的教学过程。

1972级物理学系磁学专业（三年制）学年实践安排[142]

（1）第一学年：到校内和校外工厂参加生产劳动，学习磁性材料生产工艺和工艺原理（约三个半月）；

（2）第二学年：到校内基地及科研组参加工作，并进行有关测试，也为学习铁磁学做准备（两周）；

（3）第三学年：下学期的专题科研到校内外工厂或科研单位进行；

（4）三年中除业务学习外，还有入学教育1周，野营拉练5周，国庆练队4周；工农业劳动13周，平时分散劳动3周。

1970级中文系文学专业（两年制）教学实践的具体安排[143]

（1）第一阶段

时间：2个月

地点：校内

主要任务是对学员进行入学教育，开展革命大批判。具体内容包括：

①以毛主席的教育革命思想为武器，大批修正主义教育路线和

任务组织教学"〉[J]，《人民教育》，1978年第1期，第11-15页。

140 张庆森，《学农二三事》[A]，《燕园抒怀——北京大学国政系七四级文集》[M]，2014年。

141 刘道玉，〈论大学本科课程体系的改革〉[J]，《高教探索》，2009年第1期，第5-9页。

142 《物理系专业教育方案》（1972）[Z]，北京大学档案馆馆藏，档号：30372028。

143 《中文系、历史系、哲学系、国际政治系教学计划》（1977）[Z]，北京大学档案馆馆藏，档号：30370015。

教育制度，大批旧北大、旧中文系；结合批判，组织学员忆苦思甜，进行阶级教育，大讲工人阶级登上上层建筑政治舞台以来所经历的激烈的两条路线斗争，大讲工人阶级掌文权的重要意义，使学员树立为革命而学习的思想，明确教育革命任务。

②学习《讲话》等毛主席著作，以毛泽东思想为武器，参加文艺界两条路线斗争，投入批判"四条汉子"的战斗。

③每周劳动半天。

④开设军体课。本课贯穿始终。

（2）第二阶段

时间：7个月（下工厂3个月，下农村4个月）

地点：北京新华印刷厂、平谷县鱼子山大队（根据需要向另外某些工厂、农村派出小分队，进行短期的社会调查活动）

①主要任务是参加工厂、农村的三大革命斗争，继续开展革命大批判，进行社会调查，从事写作实践。热情宣传毛泽东思想，积极参加当地文化宣传及其它方面的群众工作，为工人、贫下中农服务。

②开设政治课（在工厂学毛主席哲学思想、在农村学党内两条路线斗争史）、毛主席文艺思想课、写作课。在工厂开设革命样板文艺课，在农村开设毛主席诗词课。

③劳动时间30%左右。

（3）第三阶段

时间：10个月（其中包括在校学习7个月，去部队或商店2个月，放假1个月）

①主要任务是在总结前阶段实践经验的基础上，继续开展革命大批判，深入学习毛主席思想，提高政治理论和文艺理论水平，提高写作能力，集中时间读一些书。

②开设政治课（主要是国际共运史）、毛主席文艺思想课、写作课以及文学、历史、古汉语等三个专题讲座（供学生选修）。

③每周半天时间参加劳动，农忙季节可集中劳动一周左右。

（4）第四阶段

时间：3个月

把学生组成若干创作小组，评论小组，分别到工厂、农村、部队、商店的先进单位。带着具体写作任务，参加三大革命斗争，进行社会调查，写出作品。

（5）第五阶段

时间：2个月

地点：校内

这一阶段任务是：修改、提高所写的作品；总结教育革命经验；进行毕业教育和毕业分配。

上述制度安排让研究者联想到新中国成立初期对于杜威实用主义的批判。由于杜威"教育即生活"、"从做中学"的理念与苏联模式的核心要素"正式的课程、系统的知识和正规的学校教育"相互冲突，1949年之后，我国教育领域便展开了对杜威的强烈批判[144][145]。然而，到了文化大革命期间，我国对教育领域的自主探索却开始打破旧大学"老三段"和"三层楼"[146]，打破以教师、书本、课堂为中心的"脱离实际"的教学方法，转而遵循"实践—认识—再实践"的实践论组织教学，把精力集中在分析问题、解决问题的能力上[147]。这和杜威"仅是教科书和教师才有发言权的时候，发展智慧和性格的学习便不会发生；不管学生的经验背景在某一时期是如何贫乏和微薄的，只有当有机会从其经验中做出一点贡献的时候，他才真正受到教育"

---

144 曹孚，〈杜威批判引论（上篇）〉[J]，《人民教育》，1950年第6期，第21-28页。

145 曹孚，〈杜威批判引论（下篇）〉[J]，《人民教育》，1950年第7期，第22-29页。

146 注：所谓老三段是指课堂教学讨论、归纳、启发三步教学法，三层楼是指文化大革命前按照"基础课——技术基础课——专业课"的顺序组织教学过程。在文革中"老三段"和"三层楼"被污蔑为"颠倒人们认识真理的规律"，取而代之的是"围绕典型工程组织教学"，教学活动被要求坚持实践第一（参见李卓宝、江丕权，〈谈谈教学过程中的认识规律——评"四人帮"对老三段的攻击〉[J]，《人民教育》，1978年）。技术基础课亦称"基础技术课"，高等学校、中等专业学校、职业技术学校为学生进行专业学习提供工程技术理论基础和基本技能训练的课程，旨在为开设后续专业课和增强毕业后适应性提供较宽的理论基础。技术基础课分为两类，一类是研究应用自然科学或社会科学基本原理的专业基础理论学科，如力学、政治经济学等；另一类是概括归纳作业流程、国家标准和技术规范等技术知识及资料的技术基础理论学科，如金属工艺学、制图学等（参见顾明远，《教育大辞典》[Z]，上海：上海出版社，1998年）。

147 《学校是工厂，工厂也是学校——北京大学电子仪器厂实行教学、生产、科研三结合新体制调查》[N]，《人民日报》，1976-07-15。

[148]的做中学理念是完全一致的。那么，文化革命中对生产实践的片面强调到底是为了使学生受到怎样的教育呢？研究者认为，重视实践、重视做中学固然可以增进学生对知识的理解，但这并不是文化革命中强调实践的最重要原因。让学生在具体的劳动实践过程中掌握通用的实际生产技能，并在与劳动群众的共处中，塑造无产阶级的价值观，摒弃修正主义的价值观，成为具有集体主义精神的、无私奉献的社会主义新人才是这一时期国家强调生产实践的本意。然而，片面强调做中学，忽视正常课堂理论教学的重要性，是不可取的。

2.2.4 从严格的口试到开卷考试

苏联模式下，北京大学重视考试，严格通过口试制度考查学生对所学知识的真实掌握和实际运用能力。到了文化大革命时期，这种考试方式却因"大搞智育第一、分数挂帅，强迫学生死记硬背，培养书呆子；以学生为敌，搞突然袭击"[149]而遭到了彻底的批判和废除。文革中北京大学制定了新的考试制度。新的考试制度规定[150]：

> 坚持政治统帅业务，理论联系实际，注意采取启发式，充分调动学生学习的主动性、积极性，有助于学生在德、智、体诸方面生动活泼地、主动地得到发展……对政治思想的考查，采取思想小结（每学期一次）和思想鉴定（毕业前一次）的方法。对文化课（包括实验、实习、社会调查等）成绩的考核，采取考试、考查等方法。重要的基础课和专业课要进行考试，其他课程可根据平时测验评定考查成绩。期末考试的课程一般以两门为宜。

> 要贯彻毛主席关于"我主张题目公开，由学生研究、看书去做"的指示，把考试的重点放在检查和培养学生分析问题和解决问题的能力上……考试成绩一般采用五级记分：优（对所学内容能熟练掌握、灵活运用，有一定创见的）；良（能掌握所学内容，有一定的分

---

148 [美]杜威，《人的问题》[M]，傅统先、邱椿译，上海：上海人民出版社，1965年，第26-27页。

149 《北京大学学生成绩考核试行办法》（1973）[Z]，北京大学档案馆馆藏，档号：30373032。

150 《北京大学学生成绩考核试行办法》（1973）[Z]，北京大学档案馆馆藏，档号：30373032。

析问题解决问题的能力）；中（能理解和掌握所学基本内容）；及格（基本内容掌握不熟，经帮助，能理解的）；不及格（经帮助也不能掌握基本内容的）。

以北京大学无线电系为例，根据上述考试考核办法、结合群众意见，期末考试采取笔试的科目仅为党史、数学两门，且均为开卷考试（数学考试还允许讨论）。在考试结束后无线电系提交给学校的总结中这样写道[151]：

> 同学们纷纷表示，考试对同学的精神压力不大；在考试过程中教师对同学热心的帮助，使得师生关系更加密切了；题目多为灵活运用所学知识解决实际问题，做这样的题目有实际收获。

然而，总结也承认这样的开卷笔试存在诸多问题，如学生反映：

> 我一听说开卷，就认为到时候抄抄书就行，没有认真复习，该记的也没有记住。开卷并允许学生相互讨论的数学考试出现了卷面成绩与实际情况不符的情况，平时成绩较好的同学，较多的独立做题，结果卷面成绩较差；有些平时成绩较差的同学相互讨论抄袭，卷面成绩为优。

上述人才培养理念和培养模式带来了极大的负面影响。在对北京大学工农兵大学生毕业质量的调查反馈中，就出现了诸如"感觉他们学习很少，跟不上形势的需要"[152]这类的评述，社会上也有"工农兵学员学出来像面包，看起来鼓鼓的，一捏就瘪了"、"现在培养出来的工农兵学员不算是真正的大学生"[153]的认识。文革结束之后，北京大学回归正常的课堂教学，培养专业人才的本科培养模式改革就是在这样的基础上进行的。

2.3 本章小结

本章梳理了院系调整到文革结束之前，北京大学作为全国重点综合性大学人才培养方面的变迁。通过这种梳理我们发现，无论是以苏联为师，还是这之后的自主探索，都不像我们传统上所认为的那样，是缺乏"通识"意涵

---

151 《无线电系考试情况汇报》（1973）[Z]，北京大学档案馆馆藏，档号：30373032。
152 杜勤、睢行严，《北京大学学制沿革 1949-1998》[M]，北京：北京大学出版社，2000 年，第 121 页。
153 杜勤、睢行严，《北京大学学制沿革 1949-1998》[M]，北京：北京大学出版社，2000 年，第 122 页。

的完全"狭窄的专业教育"。事实上，上述两个截然不同的阶段都既有"通"的成分，又有"专"的成分。

在全面学习苏联模式的阶段，作为综合性大学，北京大学通过研究高深的学问，产出科研成果和培养科研人才的方式间接地服务国家建设。为了达成这一目标，北京大学不能培养"大而无当"的、抽象的博学通才，而是要培养"学有所用"的、具体的专门人才。这种专门人才的"专"体现在他对某一门具体学科高深学问的深入了解、掌握与实际运用之上，它与"大而无当"的通相互背离，却与洪堡"通过科学达至修养（Bildung）"[154]的通相统一——学生通过艰深科学知识的学习以及与教师之间借专门化项目、口试等教学环节展开的交流互动不断地发展缜密的思维、锻造坚毅精细的科学工作态度，从而完善自身，成为有修养的人才。不过，我们必须清醒的认识到，"通过科学达至修养（Bildung）"的通只是全面学苏所产生的客观结果，对高深学问的深入了解、掌握和实际运用才是全面学苏的主观目的。

到了自主探索阶段，高等教育首先要为无产阶级政治服务。在毛泽东培养"又红又专的社会主义劳动者"的教育方针指导下，北京大学不再是"读书的地方"、"传播知识的场所"[155]，也不再研究高深学问，而是"火烧三层楼，大破老三段"、"以典型产品带动教学"、"以战斗任务组织教学"，直接为生产实际服务。在这种情况下，"专"变成了狭窄的"专门技术与业务"；而"通"一方面指向通用的实际生产技能，它是在以学生为中心的、生产、劳动和知识相互合一的实践过程中习得的，另一方面指向在与劳动群众的共处中塑造的具有集体主义精神的、无私奉献的无产阶级价值观。然而，由于"学"严重脱离了"教"，"实践"严重脱离了"理论"的支持，以及自主探索本质上片面的工具理性和服务国家属性，这场探索不仅未达至"红"与"专"，还引发了高等教育领域极大的混乱。

---

154 陈洪捷，《德国古典大学观及其对中国的影响》[M]，北京：北京大学出版社，2006年，第 57 页。

155 李新柳，〈为使学校成为无产阶级专政的工具而奋斗〉[J]，《教育革命通讯》，1975年第 1 期，第 10-18 页。

表2-14 北大本科人才培养模式及通专内涵（全面学苏时期）

本科人才培养模式	内 涵
培养目标	理论或基础科学方面的研究工作或教学工作的人才
专业设置	宽口径的文理基础学科专业
课程设置	政治体育课-文理大类的共同基础课-专业基础课-专业课
教学组织形式	以课堂教学为中心，注重科研训练，通过实验培养学生的独立工作能力
专	对某一门具体学科高深学问的深入了解、掌握与实际运用
通	通过科学达至修养（Bildung）

表2-15 北大本科人才培养模式及通专内涵（自主探索时期）

本科人才培养模式	内 涵
培养目标	有社会主义觉悟的有文化的劳动者
专业设置	把专门化办成专业
课程设置	以毛主席著作为基本教材的政治课-实行教学、科研、生产三结合的业务课-以备战为内容的军事体育课
教学组织形式	以生产实践为中心，通过劳动培养学生解决问题的能力
专	掌握专门的技术与业务
通	通用的实际生产技能／集体主义精神的、无私奉献的无产阶级价值观

第三章　从计划到市场（上）：培养专家的毛坯和实际工作者（1977～1984）

3.1 拨乱反正，重新强调培养专门人才

　　面对百废待兴的局面，国家政治、经济、文化及教育对人才都有着迫切的需求。1977 年 10 月 12 日，国务院批转教育部根据邓小平指示制定的《关于 1977 年高等学校恢复招生工作的意见》。《意见》规定了高等学校新的招生政策，即废除推荐制度，恢复文化考试，择优录取[1]。这一规定意味着中国高等教育冲破了长达十年的禁锢，开始按照正常方式培养合格人才。北京大学于 1977 年底如期通过全国统一考试招收新生，开始了对文革中高等教育人才培养乱象的修正。

3.1.1 思想指南：高教六十条

　　上一章回顾了 1958-1976 年我国高等教育领域的自主探索过程。事实上，在 1961-1963 年间，我国对这种自主探索曾有过短暂的反思与调整，其核心理念体现在 1961 年 6 月党中央批准试行的《教育部直属高等学校暂行工作条例（草案）》（简称高教六十条）中。高教六十条确认了如下原则[2]：

1　《关于 1977 年高等学校恢复招生工作的意见》[N]，《中国档案报》，2014-10-16(4)。
2　《中国教育年鉴（1949-1981）》[M]，北京：中国大百科全书出版社，1984 年，第 93 页。

（1）高等学校的基本任务，是贯彻执行教育为无产阶级的政治服务、教育与生产劳动相结合的方针，培养为社会主义建设所需要的各种专门人才。

（2）高等学校必须以教学为主，努力提高教学质量。

（3）在教学中必须正确贯彻理论联系实际的原则。必须克服轻视理论、轻视书本知识的错误观点。同时，要通过生产劳动，以及实验、实习、社会调查、社会活动等，使学生获得必要的直接知识和实际锻炼。

（4）切实加强基础理论和基本知识课程的教学。基础课程的教学，应该首先要求把本门课程的基础理论学好，不要过分强调结合专业和勉强联系当前实际。基础课程要由有经验的教师担任讲授。

（5）切实加强基本技能训练。例如：理、工科的生产实习、实验、运算、绘图和某些必要的工艺训练；师范的教学实习；文科的阅读（包括文言文的阅读）、写作、资料工作、调查工作和使用工具书的训练。各科学生中文写作应该做到文理通顺，并且至少掌握一种外文，具备能够比较熟练地阅读专业书刊的能力。

在高教六十条的指导下，1963 年，国务院批准并下达了《高等学校通用专业目录》和《高等学校绝密、机密专业目录》。北京大学根据该《专业目录》进行了专业调整，并短暂地恢复了正常的教学秩序。调整后的全部专业和专门组（即专门化）[3]名称如下（详见表 3-1。共 16 个系，54 个专业，56 个专门组。）。结合上文中对于文革中北京大学专业设置的梳理可以发现，1963 年确立的专门组在文革中往往被办成了狭隘的专业[4]，这在后续专业发展过程中造成了负面的影响。

3　注：当时有人认为专门化的"化"是动词，不合适，于是改译为专门组。从专门化到专门组，内涵未发生变化（来源于访谈者 A-1，访谈时间：2018-06-10）。

4　《关于修订理科专业目录的说明及有关材料》（1979）[Z]，北京大学档案馆馆藏，档号：3031979024(9)。

表 3-1 高教六十条之后北京大学的专业设置[5]

系　　别	专　　业	专门组
数学力学系	数学专业	数论
		代数
		拓扑
		几何
		函数论
		泛函分析
		微分方程
		概率论和数理统计
	计算数学专业	演算数学
	力学专业	流体力学
		固体力学
		一般力学
物理学系	物理学专业	理论物理
		光学
		磁学
		半导体物理
		金属物理
技术物理系	原子核物理学专业	原子核物理
		电物理
	放射化学专业	放射化学
无线电电子学系	无线电物理学专业	无线电物理
		波谱学和量子电子学
	电子物理学专业	电子物理
	声学专业	水生学
	计算技术专业	计算技术
地球物理学系	地球物理学专业	地球物理
		高空物理和空间物理
	大气物理学专业	大气物理
	气象学专业	天气学和动力气象学

5　《呈报我校专业、专门组调整意见》（1963）[Z]，北京大学档案馆馆藏，档号：
　　30363003。

系　别	专　业	专门组
化学系	化学专业	无机化学
		分析化学
		有机化学
		物理化学
		胶体化学
		高分子化学
		稳定同位素化学
		有机催化
生物学系	动物专业	动物遗传学和细胞学
		昆虫学
	动物生理学专业	动物生理学
	植物学专业	植物形态学
	植物生理学专业	植物生理学
	生物化学专业	生物化学
	生物物理学专业（试办）	生物物理
		放射生物学
地质地理系	地质学专业	构造地质学
	古生物学专业	古脊椎动物学
	地球化学专业	岩石矿物
		地球化学
	自然地理学专业	自然地理学
	地貌学专业	地貌学
	经济地理学专业	经济地理学
中国语言文学系	中国文学专业	/
	汉语专业	/
	古典文献专业	/
历史学系	中国史专业	中国古代史
		中国近现代史
	世界史专业	欧美史
		亚非史
	考古专业	/

系　别	专　业	专门组
哲学系	哲学专业	/
	心理学专业	/
经济学系	政治经济学专业	/
	世界经济专业	/
政治系	政治学专业	/
法律学系	法律学专业	/
图书馆学系	图书馆学专业	/
西方语言文学系	英语语言文学	/
	法语语言文学	/
	德语语言文学	/
	西班牙语语言文学	/
东方语言文学系	日本语言文学	/
	印地语言文学	/
	印尼语言文学	/
	朝鲜语言文学	/
	阿拉伯语言文学	/
	缅甸语言文学	/
	泰国语言文学	/
	蒙古语言文学	/
	越南语言文学	/
	波斯语言文学	/
	乌尔都语言文学	/
俄罗斯语言文学系	俄罗斯语言文学	/

在高教六十条指导下，我国高等教育领域短暂地恢复了正常的教学秩序，虽然这种"按原模式原计划培养原规格目标人才"[6]的调整很快被文革的浪潮所淹没，但它奠定了我国高等教育本科人才培养的基本模式和基本思路。文革结束之后，全国各行各业都展开了关于真理标准问题的大讨论，当时的教育部却基本上按兵不动。时任教育部长蒋南翔认为："教育工作没有什

---

6 杜勤、睢行严，《北京大学学制沿革 1949-1998》[M]，北京：北京大学出版社，2000 年，第 76 页。

么问题，学习苏联是正确的，只有不学英文，改学俄文是不对的，教学质量恢复到前 17 年那样就很好"[7]。"现在的教育基础是文化大革命前 17 年打下的基础……17 年搞的是社会主义教育，尽管有这样那样的缺点，我们也要坚持，而不是否定……文化大革命前 17 年的教育，方向是正确的，只需在改革中不断完善"[8]。基于这种认识，(78) 教高字 948 号教育部《关于讨论和试行全国重点高等学校暂行工作条例（试行草案）的通知》明确指出："原高教六十条是得到毛主席肯定的好文件"，修订的原则是"对其基本精神和主要内容一律不动，只做一些必要的修改"。可见，文革结束之后，北京大学本科人才培养和教学改革乃至整个中国高等教育改革都是以高教六十条为前提和基础的。

3.1.2 恢复培养"专家"的目标

1977 年，高考制度得以恢复。北京大学通过国家统一招生，录取 1145 名新生，其中理科 461 人，文科 558 人，语言科 126 人，于 1978 年 2 月入学[9]。虽然时间仓促，学校还是根据党"使受教育者在德育、智育、体育几方面都得到发展，成为有社会主义觉悟的有文化的劳动者"的教育方针，在"适应建设社会主义的现代化强国的需要"[10]指导下，快速在新生入学之前明确了北京大学作为综合大学的本科人才培养目标："我校文科应培养德、智、体全面发展的，又红又专的社会科学研究人才，学生毕业后根据国家需要可以分配从事社会科学研究工作、教学工作和有关的实际工作。我校理科应培养德智体全面发展的，又红又专的自然科学研究人才，学生毕业后根据国家需要可以分配从事科学研究工作、教学工作和有关的科学技术工作。我校外语各系应培养德智体全面发展的，又红又专的外语工作者、教师和外国语言文学研究人才。"[11]不难发现，这一培养目标的设定是对《高教六十条》"培养为社会主义建设所需要的各种专门人才"的认可和恢复，更进一步说，是对 1952 年

---

7 朱九思，〈往事重提〉[J]，《高等教育研究》，1999 年第 20 卷第 1 期，第 7-8 页。

8 中国高等教育学会组编，《改革开放 30 年中国高等教育改革亲历者口述纪实》[M]，北京：教育科学出版社，2008 年，第 23 页。

9 杜勤、睢行严，《北京大学学制沿革 1949-1998》[M]，北京：北京大学出版社，2000 年，第 128 页。

10 《理科教学座谈会简报》(1977) [Z]，北京大学档案馆馆藏，档号：30477001(10)。

11 《关于制订七七年教学计划的几点意见》(1977) [Z]，北京大学档案馆馆藏，档号：30477001(1)。

院系调整之后国家对综合大学"全国科学与文化的标志"、"培养在理论科学或基础科学方面从事研究或教学工作的专门人才"[12]定位的恢复。

1978 到 1979 年，国家层面又分别就综合大学文理科人才培养问题召开相关会议，进一步讨论综合大学人才培养的目标。其中，全国高等学校文科教学工作座谈会提出，文科毕业生应成为"具有社会主义觉悟的"、"具有基本理论、基本专业知识、以及基本技能特别是研究和协作能力的本门学科的专门人才"，"专门人才和劳动者不是对立的关系"[13]。教育部属综合大学理科专业调整会议则明确："重点综合大学理科专业应培养德智体全面发展的自然科学的理论研究和科学实验人才。综合大学用培养科学人才的方法培养学生是对的，是较实际的。这样培养出来的毕业生，即使不搞科学研究，也有较好的分析和研究问题的能力，适应性强。理科毕业生的去向，除了到科学研究部门和高等学校外，还应考虑国家实际需要，去工农业实际工作部门和到中学当教师，这对提高整个民族的科学文化水平，提高中学教学质量，是很有意义的。"[14]可以说，上述两个会议明确的文理科人才培养目标是对北京大学人才培养目标的肯定，也体现了国家对高教六十条所代表的苏联模式的认可。

3.1.3 技术学科专业与选修组的出现

十年动乱之后，北大恢复招生。由于条件所限，首次招生的学系只有 14个，如表 3-2 所示。

表 3-2　1977 年北京大学本科招生系科列表[15]

招生科类	招生学系
理科	物理学系
	化学系
	地球物理学系

---

12 《北京大学历史事实改正》（1898-1958）[Z]，北京大学档案馆馆藏，档号：Z11.29。

13 《关于下达《高等学校文科教学工作座谈会纪要》的通知》（1978）[Z]，北京大学档案馆馆藏，档号：3051978006。

14 《部属综合大学理科专业调整会议纪要》（1978）[Z]，北京大学档案馆馆藏，档号：30478004。

15 杜勤、睢行严，《北京大学学制沿革 1949-1998》[M]，北京：北京大学出版社，2000 年，第 151 页。

招生科类	招生学系
文科	地质学系
	地理学系
	中国语言文字系
	历史学系
	哲学系
	国际政治系
	经济学系
	法律学系
语言科	西方语言文学系
	俄罗斯语言文学系

经过两年的恢复，到 1979 年，全校各学科专业系统恢复调整完毕。1979 年 9 月 4 日，学校校务委员会第二十三次会议根据"北大不应仅仅有基础学科，还应发展应用科学和技术科学；应根据国家需要，学生的特点和志向，让他们选修不同的课程，使之向不同方向发展"[16]的设计初衷以及"国民经济正处在三年调整中，对理科各专业人才的需要情况，还看不清楚"、"专业调整涉及到学制、分配制度等，要有步骤地进行"[17]等部属综合大学理科专业调整会议提出的专业设置指导原则，通过了学系、专业的设置和选修组名称[18]。如表 3-3 所示，恢复后的北京大学共设置 22 个系，66 个专业，35 个选修组。

表 3-3　1979 年北京大学专业设置表

系　别	专　业	选修组
数学系	数学	数论及代数
		几何及拓扑
		函数论及泛函分析
		微分方程

16　《北京高校教学经验交流会材料：关于改进教学工作，提高教学质量的几点想法和做法》（1981）[Z]，北京大学档案馆馆藏，档号：30482011。

17　《部属综合大学理科专业调整会议纪要》（1978）[Z]，北京大学档案馆馆藏，档号：30478004。

18　《北京大学专业（选修组）设置方案》（1979）[Z]，北京大学档案馆馆藏，档号：30379061。

系　别	专　业	选修组
		概率论及数理分析
	应用数学	应用数学
		信息论
	计算数学	微分方程的计算方法
		数值代数与最优化
		数值逼近
力学系	力学	/
物理学系	物理学	理论物理
		激光物理
		半导体物理
		金属物理
		低温物理
		磁学
技术物理系	原子核物理学	/
	放射化学	/
无线电电子学系	物理学	电子物理
		波谱学及量子电子学
	无线电物理学	/
	声学	水声学
地球物理学系	地球物理学	/
	大气物理学	/
	气象学	/
	空间物理学	/
	天体物理学	/
化学系	化学	无机化学
		分析化学
		有机化学
		物理化学
		胶体化学
		催化化学
		高分子化学
		稳定同位素化学

系　别	专　业	选修组
生物学系	植物学	/
	动物学	昆虫学
	植物生理学	/
	生理学	/
	生物化学	/
	细胞生物学	/
	生物物理	/
	遗传学	/
地质学系	构造地质学及地质力学	/
	地震地质学	/
	古生物及地层学	/
	岩矿及地球化学	地球化学
		矿物岩石学
		矿床学
地理系	自然地理学	环境学
		自然资源
		地生态学
	地貌及第四纪学	/
	经济地理学	区域及城市规划
计算机科学技术系	计算机软件	/
	计算机系统结构	/
	微电子学	/
心理学系	心理学	/
中国语言文学系	文学	/
	汉语	/
	古典文献	/
历史学系	中国史	/
	世界史	/
	考古	/
哲学系	哲学	/
经济学系	政治经济学	/
	世界经济	/

系　别	专　业	选修组
法律学系	法律学	/
	国际法	/
国际政治系	国际政治	/
	国际共产主义运动	/
图书馆学系	图书馆学（文、理）	/
西方语言文学系	英语语言文学	/
	法语语言文学	/
	德语语言文学	/
	西班牙语言文学	/
东方语言文学系	日本语言文学	/
	印地语言文学	/
	印尼语言文学	/
	朝鲜语言文学	/
	阿拉伯语言文学	/
	缅甸语言文学	/
	泰国语言文学	/
	蒙古语言文学	/
	越南语言文学	/
	波斯语言文学	/
	乌尔都语言文学	/
俄罗斯语言文学系	俄罗斯语言文学	/

如果将 1979 年北京大学的专业设置与前文中列出的 1963 年专业设置、文化大革命中的专业设置进行对比（可参见附录 B：北京大学本科专业设置的变迁）不难发现，这一时期北京大学完全推翻了文革中专业分工过细、专业面过窄的倾向，基本参照高教六十条之后的专业设置进行恢复。不过，相比高教六十条的规定，新的专业设置体现出两个具有重要意义的变化：

（1）新兴学科专业的增设。相对于 1952 年院系调整后北京大学完全偏重于文理科基础人才培养的历史，1979 年北京大学的专业设置开始出现了计算机科学技术等新兴学科专业。虽然新兴学科专业增设不多，但这是一个重要的信号，表明北京大学作为一所文理科基础大学，开始涉足一些技术应用类的学科专业。这种转变是根据国家需要进行的。1978 年国家教育部关于专业调整的相关会议提出："一些新兴学科处于空白，不能适应科学技术现代化的需要"[19]，要"适当增设一些新兴学科和边缘学科专业，对于个别具有特色，国家又很需要的专业，尽管专业面窄一点，与别的专业基础课相同，也要允许单独设立专业"[20]。基于此，北京大学提出："专业设置，理科应以基础科学为主，同时可设置一些与基础科学关系密切的技术科学方面的专业"[21]。

（2）专业要求的降低和专门化的取消。文革结束之后，高等教育领域就恢复了之前的四年学制。1978 年 9 月四年学制通过《关于高等学校理工科教学工作若干问题的意见》正式得到了国家政策层面的确认。之所以恢复四年学制，是因为：文革十年动乱已经证实 2-3 年短学制无法培养合格的人才；而由于十年动乱带来的人才断层使得国家建设各个方面都奇缺人才，因此，苏联长学制也不适合当时中国的国情。况且，当时中苏关系紧张，学习苏联已不被认可，反而是"参照英美"四年学制被认为是更为合适的路线[22]。四年学制意味着高等学校没有那么多的时间开展专门化。于是，许多高校将原来的专门化项目改为一组选修课程，取消了原本专门化项目中至关重要的科研训练部分。这一举措可以看作是四年学制下对苏联模式长学制的一次修正，即新时期我们仍要培养专才，但四年学制下专的程度无法像长学制那样具体到专门化（1978 年 9 月北京大学正式恢复研究生招生[23]，专门化已经被转移到研究生阶段进行）。

除了学制上的限制，专门化在我国自主探索过程中的扭曲和异化也是对其进行调整的重要因素。前文中已经提到，在文化大革命的自主探索中，原本作为教学过程中除课堂教学之外的重要一环，与科研密切相关、侧重培养

19　《关于高校专业设置与改造工作的意见（全国教育工作会议征求意见稿）》（1978）[Z]，北京大学档案馆馆藏，档号：30478001(1)。

20　《部属综合大学理科专业调整会议纪要》（1978）[Z]，北京大学档案馆馆藏，档号：30478004。

21　《关于调整我校发展规模的意见讨论稿》（1978）[Z]，北京大学档案馆馆藏，档号：30478004(2)。

22　来源于访谈者 A-2，访谈时间：2018-7-16。

23　注：首次共招收研究生 454 人，1979-1984 年北京大学分别招收研究生 162 人、76 人、395 人（含 15 名博士）、443 人（含 8 名博士）、542 人（含 9 名博士）、814（含 71 名博士）人。（参见《北京大学研究生五十年基本情况统计》（1947-1997）[Z]，北京大学档案馆馆藏开放资料）

学生独立科研能力的专门化项目变成了独立的、狭窄的专业方向。作为专业的专门化在缺乏系统、深厚基础训练的情况下，通过狭窄的专业课程结合所谓的生产实践来训练学生，这导致学生过早地形成了专业偏见。显然，这种做法既不利于学生生动活泼地发展，也不利于边缘学科的发展，造成了相当负面的影响。于是，1978 年召开的全国教育工作会议上讨论决定[24]：考虑到专门化的争议，以及目前多数学校已经采取了选修课的做法，因此修订草案中拟不再出现专门组；暂时将"专门组"调整为"选修组"，在试行中总结经验。北大在这次会议之后进行的专业调整中，将文科专业的专门化全部取消，调整为"研究性选修课"[25]。以中文系为例，许多著名学者为学生讲授研究性选修课。如吴组缃讲授《中国小说史论要》、林庚讲授《唐诗研究》；年轻老师也纷纷选定自己的研究课题，以上课带动研究，而研究心得也会转化到课程上[26]。理科专业方面，除个别本身已较为狭窄的专业直接取消了专门组的设置，大部分理科专业下设的专门组由一个包含科研训练的专门化项目变成了仅包括一组选修课程的选修组。以物理学专业为例，原专门组变成理论物理、激光物理、半导体物理、金属物理、低温物理、磁学六个选修组[27]，不仅科研训练的部分消失了，课程要求也大大降低[28]。

3.1.4 恢复"课堂教学为中心"

文化大革命时期，四人帮破坏"以学为主"的原则，宣扬"业务到手，人被夺走"，"学了专业，忘了专政"。他们推行以干代学，师生合编支部，大搞三自一包：自己讲课，自己辅导，自己编教材，三年一包到底[29]。这其中涉及到的具体做法包括：开门办学，深入到生产第一线结合实际上课、学生上讲

---

24 《关于高校专业设置与改造工作的意见》（全国教育工作会议征求意见稿）（1978）[Z]，北京大学档案馆馆藏，档号：30478001(1)。

25 注：虽然名义上没有选修组的设置，实际上中文系的研究性选修课还是有分组的。

26 温儒敏，《北京大学中文系百年图史（1910-2010）》[M]，北京：北京大学出版社，2010 年，第 154 页。

27 沈克琦、赵凯华主编，《北大物理九十年》[M]，北京：北京大学出版社，2003 年，第 68 页。

28 注：选修组的设置在北大存在的时间很短（1979-1980），它很快被学分制之后的选修课所取代，在 1979-1980 年期间，学校层面也未大规模修订教学计划，因此研究者未能找到翔实的档案材料展现选修组的实施样态。

29 《关于恢复教研室决定各系基层组织设置暂行意见》（1977）[Z]，北京大学档案馆馆藏，档号：3051977002。

台讲课；结合战斗任务组织教学等[30]。这些形式如果附加在正常的教学之上，能够增强学生团体的凝聚力，帮助学生获得一定的直接经验，是锦上添花的事情。但是，如果将其完全取代正常的课堂教学，不仅成本极高，学生也只能收获一些支离破碎的经验，无法构建系统性的知识体系。这无疑是违反教育规律的。文革结束之后，我国高等教育需要尽快将培养工农兵学员的"做中学"方式方法恢复到"以课堂教学为中心"的正常轨道。为此，北京大学在1977 年就恢复基础课教研室建制，要求原有教研室的教师，除特殊任务外，一律回到教研室担任基础课教学，同时抽调一批专业课教师讲授基础课；此外，第一时间恢复和重建物理、化学、生物实验室；重新编写基础课教科书，尽一切努力为"把课堂教学放在第一位"做准备。相比 1973 年主学时间[31]只占到 40%（详见表 3-4），且所谓的课堂教学还有一部分由学生自己上讲台或是由工人上讲台，真正有效的主学时间连 40% 都不到的情况，1977 年之后，北京大学本着"以学为主，兼学别样"的原则，保证主学时间和质量，认真搞好兼学，主学时间占到 80% 以上[32]（详见表 3-5）。

表 3-4　北京大学 1973 年教学安排[33]

教学安排	周　数
课堂教学	18 周
开门办学	18 周
考试	3 周
集中劳动	8 周
分散劳动	1 周
机动	2 周
假期	2 周
总周数	52 周
主学时间（课堂教学+考试）	40%（大量课堂教学由工人、学生上讲台）

---

30 来源于访谈者 A-2，访谈时间：2018-07-16。

31 注：毛主席在《五·七指示》中说"学生以学为主，兼学别样，即不但学文，也要学工、学农、学军，也要批判资产阶级。"其中，学习科学文化是主学，其他是兼学。

32 《关于修订 77 年教学计划的几点意见》（1977）[Z]，北京大学档案馆馆藏，档号：30477001(1)。

33 《1973-1974 年学年校历表》（1973）[Z]，北京大学档案馆馆藏，档号：30373032。

表 3-5　北京大学 1977 年教学安排[34]

教学安排	周　　数
教学时间	37 周
考试	3 周
学工、学农、学军和校内劳动	文科 4 周 / 理科 5 周
假期	7 周
形势教育和政治活动	3 周（每周半天）
总周数	52 周
主学时间（教学时间+考试）占比	文科 82.5% / 理科 80%

　　《北京大学关于修订 77 年教学计划的几点意见》在恢复课堂教学地位的同时，进一步着重肯定了加强基础课课堂教学的重要性。《意见》指出："基础课教学是培养科学研究人才的重要环节，要单独设课，系统学习，保证必要的学时，扎扎实实打好基础。大学四年中，基础课教学实践应占二年半到三年。文科学生要学好专业基础课和必要的文史知识，搞好写作训练，做到文从字顺，清楚明白"[35]。1978 年，教育部（78）教高一字 961 号《关于高等学校理工科教学工作若干问题的意见》中进一步明确：为了培养高水平的自然科学研究人才、工程技术人才和教师，适应四个现代化的要求，理工科院校都要大力加强基础课（包括基础理论课和技术基础课）教学和外语教学。四人帮大破老三段，火烧三层楼是完全错误的。要恢复和整顿基础课教学。基础课内容要适当放宽，要加强系统性，逐步提高起点，用最先进的科学技术知识教学。基础课教学，主要使学生牢固地掌握基本的科学概念，具有必要的理论推导，运算能力和实验技能。基础课（包括公共课）的教学实践，四年中必须保证占总学分的 70%-75%。专业课是巩固和加强基础理论学习，培养学生专业知识和技能的重要环节，也要认真学好。专业课内容要努力反映本门学科的发展方向和最新成就。1979 年，按照教育部"四年中，基础课的教学实践必须保证占总学时 70%-75%"的要求，北京大学在《关于修订教学计划问题的讨论意见》明确了基础课和专业课的具体安排：四年学制，课内

34　《关于修订 77 年教学计划的几点意见》（1977）[Z]，北京大学档案馆馆藏，档号：30477001(1)。

35　《关于修订 77 年教学计划的几点意见》（1977）[Z]，北京大学档案馆馆藏，档号：30477001(1)。

总学时一般应控制在 2300-2600 学时。其中基础课程（包括专业基础课程），是学生在校学习的最重要的课程，应该切实加强，不能削弱，更不得随意取消。基础课程与专业课程的比例一般为 7：3[36]。

3.2 降低专的程度：培养毛坯和实际工作者

3.2.1 本科教育面临的新形势

3.2.1.1 本科四年学制的确立

1978 年 9 月《关于高等学校理工科教学工作若干问题的意见》在确立四年学制的同时，还为长学制留有余地："个别学校特殊情况的专业可以采取 5 年制"。于是，以清华大学为代表的高校刮起了"五年制风"。许多高等学校抵挡不住这股风潮，也想要恢复五年长学制。一时间，"不改五年制培养的人才质量就不高，学校就容易被人认为是二流学校"[37]的认识在高等教育领域流行开来。在这种情况下，和清华大学同为国内最顶尖的高等院校，北京大学的压力自然也很大。与此同时，高教六十条设定的北京大学 1977-1978 级学生培养方案仍是长学制下培养专家的思路，与已经缩短的四年学制也产生了强烈的冲突。在这种冲突下，教学实践变得十分被动，老师不得不把课程内容搞成"压缩饼干"，教学效果不好，也达不到培养专家的目标。教学实践遭遇的困难让北京大学内部也充满了恢复长学制的呼声。

1979 年暑假后，北京大学在文革中招收的最后一届工农兵学员全部毕业离校，全部在校生都是统一考试招收的高中毕业程度的学生，学制四年，教学安排已经有序，教学各个环节已经调整到正常运行[38]。这些为北大反思恢复高考之后的教学实践提供了必要的前提和基础。于是，北大内部展开了关于学制及其背后人才培养逻辑的大讨论：以四年时间达成长学制时期毕业生能够从事科学研究和担任高等学校教学的任务是否可能？如果不能，是否要像清华大学那样恢复长学制以免沦为二流学校？就在这时，时任加利福尼亚大

---

36 《关于修订教学计划问题的讨论意见》（1977）[Z]，北京大学档案馆馆藏，档号：30479014。

37 来源于访谈者 A-2，访谈时间：2019-07-16。

38 杜勤、睢行严，《北京大学学制沿革 1949-1998》[M]，北京：北京大学出版社，2000 年，第 150 页。

学伯克利分校副校长，曾多次回国访问的美籍华人田长霖先生就此问题直接给邓小平写信，明确表示反对五年学制。他在信中说："国内四个现代化工作方兴未艾，大学生数量远远不够，五年制会导致大学毕业生数量不足，而长学制并不能提高质量。大学生的培养质量只依靠改善教学方法来提高，而不是靠延长年限，灌输知识而达成"[39]。这份意见得到了中央的采纳，并迅速传达给各高等院校。至此，本科四年学制才被完全固定下来。这迫使包括北京大学在内的中国高等学校重新思考，在既定的四年学制下，是否还能培养苏联模式下的专家？如果不能，那究竟要培养什么样的人，如何培养人？

3.2.1.2 三级学位制度的建立

（1）研究生教育及学位制度的回顾

文革之后，遭受重创的国家经济、政治等各个领域都奇缺人才，因此，除了坚持本科四年学制以多出人才、快出人才之外，国家还考虑恢复研究生教育以培养更多更高级的专门人才。这里有必要回顾一下我国研究生教育的历史。早在 1917 年，北京大学就制定了《北京大学研究所简章》，并开始在国学门、哲学门招收研究生（从 1917-1932 年，北京大学零星招收研究生，数量极少）[40]。1932 年，北大正式设立研究院以招收研究生[41]。这之后，国民政府教育部在 1934 年明确规定大学需设研究院[42]，并于次年正式颁布《学位授予法》，规定民国学位分学士、硕士、博士三级[43]，这意味着研究生及相关学位制度的正式确立。然而，据统计，1935-1944 年十年的时间中，北京大学毕业的研究生仅有 22 名[44]。可见，新中国成立之前，高等教育培养的主流还是本科生。从新中国成立到 1980 年之间，我国曾两次试图修订学位制度。第一次发生在 1954-1957 年间，欲设置硕士、博士两级学位；第二次发生在 1961-1964 年间，欲参照苏联 1934 年《关于学位和学衔的决议》的做法，设置博

39 《田长霖先生就学制问题给邓小平同志的信》（1984）[Z]，北京大学档案馆馆藏，档号：30484021(2)。

40 《北京大学研究所简章》[N]，《北京大学日刊》，1917-11-16。

41 《北京大学研究生院招生简章》[N]，《北京大学日刊》，1932-7-16。

42 王学珍、郭建荣，《北京大学史料第二卷（1912-1937）》[M]，北京：北京大学出版社，2000 年，第 1349 页。

43 王学珍、郭建荣，《北京大学史料第二卷（1912-1937）》[M]，北京：北京大学出版社，2000 年，第 618 页。

44 王学珍等，《北京大学史料第四卷（1946-1948）》[M]，北京：北京大学出版社，2000 年，第 368 页。

士、副博士两级学位。这两次试图修订学位条例的意见有着共同的指导思想：一是大学本科毕业不设学位；二是仿照苏联，博士学位的获得与研究生教育并无直接联系，科学工作者需要通过长时间的钻研才能获得博士学位。由于"左"的错误思想影响，这两次试图修订学位制度的努力都无果而终。在没有学位制度支持的情况下，高等教育领域研究生教育的实践仍不是人才培养的主流。以北京大学为例，学校于 1956 年首次在 73 个培养方向上招收研究生 103 人[45]，这个招生规模一直维持到 1965 年。文化大革命时期，研究生教育更是直接中断了十年之久。

（2）三级学位制度的确立和本科地位的变化

1978 年，为了更多更好地培养专门人才，我国高等学校重新开始了招收研究生的尝试。为了规范和完善研究生教育的发展，国家层面在恢复研究生招生的同时，也开始考虑重新建立学位制度。上述新中国成立之后对学位制度的两次修订意见显然不适应文革结束之后的社会政治经济要求：一方面，随着改革开放的展开，越来越多的本科毕业生出国留学，没有学士学位在对外交流中会遇到障碍；且 1979 年 3 月，国家已正式批准同意授予大学本科毕业的外国留学生以学士学位，如果学士学位只授予外国留学生而不授予中国学生，将不利于提高国内学生的积极性。另一方面，按照苏联的学位制度，博士学位的获得成了皓首穷经的结果，而不是攀登科学高峰的起点（据苏联发表的统计：1947-1955 年间，苏联科学工作者获得博士学位的人，以 40-60 岁居多，占 77.4%，30 岁以下仅占 0.3%[46]）。这在改革开放之初的中国，显然不利于快出人才投入国家建设。于是，我国迫切需要重新制定适当的学位制度。

1980 年 2 月 12 日第五届全国人民代表大会常务委员会第十三次会议正式通过了《中华人民共和国学位条例》。《条例》提出："为了促进我国科学专门人才的成长，促进各门科学技术水平的提高和教育、科学事业的发展，以适应社会主义现代化建设的需要，学位分学士、硕士、博士三级。其中学士学位要求具有从事科学研究工作的初步能力，硕士学位要求具有从事科学研

---

45 《北京大学研究生招生情况》[N]，《北京大学校刊》，1957-02-21。

46 吴本厦口述，《学位制度的创立与研究生教育的发展》[A]，《改革开放 30 年：中国高等教育改革亲历者口述纪实》[M]，北京：教育科学出版社，2008 年，第 106 页。

究工作的能力，博士学位要求具有独立从事科学研究工作的能力"。时任教育部部长的蒋南翔同志特别就设置学士学位做出说明："学士学位有人说不需要，没有意义，但是因为建国多年来，我国高级知识分子队伍主要还是由大学毕业生组成的，培养出来的研究生，文革前只有万把人，仍然很少。而大学本科是我国高等教育一个独立的培养阶段，而且是影响面很广的重要阶段。对大学本科毕业生授予学位，对于调动全国大学生的学习积极性，推动高等学校教育质量，加速我国科学队伍的成长，都有重要作用"。[47]三级学位制度的建立意味着，一方面，在改革开放之后国家急需人才的情况下，大学本科仍担负着重要的使命，学生毕业后要能成为专家，从事教学、科研工作；另一方面，研究生才是未来专业人才的主要来源，而本科要逐渐开始转向承担培养"预备人才"的任务。当然，学生本科毕业后有进一步深造的空间和可能。学位条例一经颁布，1980-1981 年我国高等院校研究生招生数就猛增到22000 多名[48]（北京大学 1980 年还仅招收研究生 76 人，1981 年就猛增到 395人次[49]，之后呈现持续增长的趋势）。作为全国文化和科学的标志、全国一流的综合性大学，北京大学的本科人才去向早在学位条例出台之前已经发生了显著变化（详见表 3-6[50]）。

表 3-6　北京大学数学、物理、化学专业方向毕业生去向表（1979-1980）

专业方向	毕业年度	毕业人数	毕业去向				
			考研	科研	高校师资	中学师资	工矿企业
数学	1979	45	23	7	15	0	0
	1980	45	25	3	17	0	0
物理	1979	145	91	6	32	1	0
	1980	142	93	8	36	0	0
化学	1979	123	59	45	16	0	0
	1980	151	101	41	9	0	3

---

47 《蒋南翔同志在教育部学科评议会上的讲话》（1982）[Z]，北京大学档案馆馆藏.
　　档号：3051982006(5)。
48 《专业调查表》（1985）[Z]，北京大学档案馆馆藏，档号：30485001(2)。
49 《北京大学研究生五十年基本情况统计》（1947-1997）[Z]，北京大学档案馆馆藏
　　开放资料。
50 《专业调查表》（1985）[Z]，北京大学档案馆馆藏，档号：30485001(2)。

从表 3-6 可以看出，北大数学、物理、化学三个系 1979-1980 年的毕业生中，已经有一半甚至更多的学生选择继续深造，其余的毕业生则几乎全部留向了科研和教学领域。

综上所述，学位条例颁布之后，北大本科人才的毕业去向从毕业生几乎全部直接进入工作岗位顶位上岗转变为有相当部分毕业生考取研究生继续深造。这意味着，北京大学本科教育作为整个高等教育中的基础一环，要重新调整自身的定位与发展方向。

3.2.1.3 国家对实际工作者的迫切需求

改革开放之后，中央确定科技工作的指导思想是"科学技术工作要面向经济建设"，因此我国要着重发展应用研究和开发研究，这需要大量的应用型人才。然而，新中国成立之后的很长一段时间内，由于缺乏对人才需求的预测，我国盲目地发展理科专业：1965 年我国只有 98 所高校设有 55 种理科专业，专业点 380 个。1981 年底，全国则有 280 多所高校设有 130 多种理科专业，专业点 1156 个[51]。理科专业数量增长整体过快的同时，我国应用学科专业却极度缺乏，止步不前。这一矛盾在改革开放之后极度凸显。作为文理科综合大学，北京大学雄厚的基础学科背景使得北大在发展相关的应用学科方面有着得天独厚的条件，应用学科的发展也能反过来促进相应的基础学科的发展。况且，国家的科研经费在那个年代最先投入的多是能最快产生效益的工科、应用前景好的学科，这导致长期被定位为文理科综合性大学的北京大学相对于工科院校清华大学而言，在科研经费、办学经费方面落后很多，之前能拿到较多经费的服务国防的科研项目，这时经费竟然也一落千丈，落到几乎等于零的地步[52]。因此，北京大学也有极大的内驱力大力发展应用学科，以争取更多的经费，缓解学校的财政危机。

文科方面，早在全面学苏初期，北京大学就根据国家"优先发展重工业"的定位，明确提出"以理科为主，适当照顾文科"，文科仅"适当发展历史和中文两个专业"，其中"历史专业以中国近代史、中国古代史、国际关系史三

---

51 《关于理科专业设置调整改革的意见》（1983）[Z]，北京大学档案馆馆藏，档号：30483001(1)。

52 王义道，《行行重行行：王义道口述史》[M]，武汉：华中科技大学出版社，2019年，第 23 页。

个专门化为重点，中文专业则以中国文学史为重点"[53]的发展定位。不难发现，1952 年之后，根据国家建设的需要和自身"文化与科学标志"的定位，文科专业并不是北大发展的重点，适当发展的文科专业和专门化也侧重科学研究的方向，与实践相隔较远。到了文革期间，北京大学文科除发展一些为无产阶级文化大革命宣传服务的文科专业（如中文系新闻专业[54]），许多专业如法律、社会学等因是"资本主义"的而惨遭取缔。可以说，文革十年，真正的"文科专业教育"中断了十年。上述两个阶段文科专业的遭遇导致文科发展极度滞后，直接的后果便是改革开放之后有文科背景的国家高级干部严重短缺，这就要求北京大学在内的高等学校恢复被取缔的文科专业，新建培养实际工作者的应用文科类专业，以满足国家对于高级干部队伍建设的迫切需求。

3.2.2　通专大讨论：拓宽狭窄的专业口径

鉴于国家对人才的迫切需求，文革之后高等教育本科学制被调整为四年，这使得仍延续文革前"培养科研及教学人才"的本科实际教学过程出现了诸多不协调之处；随着我国《学位条例》的颁布，三级学位制度得以确立，要求大学本科生达到硕士研究生水平的"毕其功于一役"的想法和做法也明显不再适宜时代的发展。此外，固化的文理科综合大学专业设置及文革期间文科专业发展的严重滞后导致北大培养的人才无法满足改革开放初期国家对于各类实际工作者的需求。上述背景叠加，北京大学的本科教育面临着极大地冲击和挑战。于是，学校展开了本科培养"通才"还是"专才"的大讨论，并在对本科人才的全新认识基础上调整专业设置，改革本科教学。

经过讨论，北大认为：文革前我国高等教育学习苏联，实施长学制，目标是培养专家学者。而西方发达国家的教育制度则是普及型，大学本科学制四年，主要是打好基础，培养通才。新时期的北京大学作为一所综合大学，所设专业主要是自然科学、社会科学的基础学科，培养的学生是将来从事各学科的基础人才，也就是所谓"工科院校培养工程师的毛坯"，也可以称之为

53 王学珍主编，《北京大学纪事（1898-1997）》[M]，北京：北京大学出版社，1998年，第 565 页。

54 温儒敏，《北京大学中文系百年图史（1910-2010）》[M]，北京：北京大学出版社，2010 年，第 176 页。

各个学科的预备人才。综合大学的基础教育，也为交叉学科、边缘学科输送人才。从这个意义上说，北大和很多国家施行的"通才"教育一致。但是，在当前的社会背景下，北大还担负着为国家经济建设培养急需人才的任务，本科毕业要能顶位上岗。因此，专业教育仍是大学本科的重要任务，专才教育不可少。在特定的历史阶段，**专才教育和通才教育要很好地结合**[55]。鉴于 1980 年教育部在教学工作座谈会上下放了高等院校的部分权力，1981 年，北京大学根据国际国内形势的需要，结合三年的本科教学实践和通专大讨论结果，出台了《北京大学关于改进教学工作、提高教学质量的几点意见》。意见指出[56]：大学本科教育的主要任务是打好基础，同时给予必要的专业训练，使学生毕业后能适应国家建设对本门学科专业人才的多方面的需求，又具有进一步发展提高、成为高级专门人才的良好基础，也便于有的学生从事边缘学科和交叉学科的工作。当然，**这绝不是培养像有的人说的通才，而是具有坚实基础的专业人才。**作为重点综合大学，它的主要任务，长期以来定为培养基础学科方面从事教学和科研的人才，其次才是培养与本专业有关的其他实际工作者。现在看来，这对不少专业还是合适的，但当时所说的教学人才主要是指高校师资，今后高校师资逐步由研究生补充。至于科研人才，对本科毕业生来说，也只能要求他们受过科研工作的初步训练，在知识和能力方面具备良好的基础。有些专业的培养目标则应把实际工作者放在更重要的地位，例如物理学专业的毕业生既可以从事物理学方面的基础研究，也可以分配到与物理有关的工程技术部门从事应用物理方面的工作。如果要报考硕士研究生，既可以报考物理方面的研究生，也可报考应用物理以至于工科有关专业的研究生，还可以报考化学、生物学以及其他与物理有关的边缘科学的研究生。他们有比较坚实的数学、物理的基础训练，转到有关的工程技术学科和边缘学科后，和其他专业人才配合，也会有利于这些学科的发展。有些专业特别是文科的一些专业应把培养实际工作者放到更重要的地位。例如经济学系和法律系，不仅要培养经济学和法学的理论研究工作者、教师，更要培养大量经济管理人才和政法干部。这类专业的学生在校学习期间不仅要打下较坚实

---

55 杜勤、睢行严，《北京大学学制沿革 1949-1998》[M]，北京：北京大学出版社，2000 年，第 152 页。

56 《北京大学关于改进教学工作，提高教学质量的几点意见》（1981）[Z]，北京大学档案馆馆藏，档号：30581008(1)。

的理论基础，而且要受到一定的实际工作锻炼，具有较强的分析和处理实际问题的能力。

我们发现，从通专大讨论到《北京大学关于改进教学工作、提高教学质量的几点意见》，"通才"、"专才"的内涵和关系发生了变化。在通专大讨论的表述中，"通才教育和专才教育要很好的结合"，这里的"通才"对应的是具有宽厚基础的人才，而专才则意味着具备"随时顶位上岗"的能力。到了学校正式文件《北京大学关于改进教学工作、提高教学质量的几点意见》，表述变成了"这绝不是培养像有的人说的通才，而是具有坚实基础的专业人才"。这里"通才"的意涵变成了从全面学苏时期就开始批判的"百科全书式的人才"，而"专才"则和通专大讨论中"通才"的内涵一致，即"具有坚实基础的专业人才"。当然，在《意见》中，也强调了通过"实际工作的锻炼"塑造"随时顶位上岗"的能力。可见，这两种表述中所谓"通"与"专"的冲突只是表面的，实质上它们强调的都是专业教育。这种专业教育一方面注重打造坚实的基础，另一方面注重顶位上岗的能力训练；所谓"通"只是对过分偏狭的专的纠正，它离开专业教育无法单独存在。

上述专业教育注重的两个方面是区分学科和专业的。基础学科不再要求刚毕业到工作岗位就成为某一方面的专家，而是要培养本科生具有成为专家的基础和素质，以便通过自学和工作实践逐步成为专家和各种优秀人才，即培养"专家的毛坯"。文理应用学科专业则主要培养实际工作者，以应对国家建设中专业技术人员和干部队伍的短缺。这里需要特别明确的是，北京大学这一时期应用型专业培养实际工作者的转向一方面是基于新时期改变学校纯粹文理科综合大学定位的考虑，另一方面则主要是满足"六五计划对于高等教育领域的临时要求"[57]。另外，虽然北京大学的培养目标发生了巨大的转向，但如 1981 年 9 月全体新生大会上校团委书记宣称"北大现在有了一万精英"[58]那样，北京大学这一时期的人才培养仍然是精英主义的。即便是以培养实际人才为目标的文科类专业，如国际政治专业，由于当时全国只有北大、复旦两所高校有这个专业设置，毕业生屈指可数，毕业去向也是极好的。

57　《北京大学拟定六五计划和十年规划的一些初步意见》（1980）[Z]，北京大学档案馆馆藏，档号：3051980001。

58　橡子、谷行，《北大往事》[M]，北京：新世界出版社，2002 年，第 67 页。

3.2.3 放宽与增设：新一轮的专业调整

人才培养规格和专业的设置紧密相连。长学制时期的许多专门化在文革之中被办成了专业，这导致 20 世纪 80 年代初期北京大学相当一部分专业的口径仍然过窄。由于培养专家的毛坯和培养具备较强适应能力的实际工作者都要求毕业生具备宽厚的基础，过窄的专业口径显然不合适了。此外，作为一所综合大学，北京大学长期以培养教学、科研人才为导向，其专业设置也偏向于自然科学、社会科学和人文科学等基础学科，能给国家经济建设、技术发展做出直接贡献，侧重于培养实际工作人才的应用学科、技术学科和新兴的边缘学科专业这一时期虽有所发展，但仍显不足。这两者都迫切要求北京大学对已有专业设置进行调整。

根据 1980 年教育部教育工作座谈会的精神，高等学校可以设置基本专业目录规定的专业（这个专业目录是 1964 年依据高教六十条制定的，共设置工科、农科、林科、医科、师范、文科、理科、政法、财经、体育和艺术等 11个一级类和 432 个专业[59]），也可以提出试办其他专业。于是，从 1981 年开始，北京大学基于上述有关人才培养的思考开始对少数专业设置进行调整[60]。1983 年，北京大学"五定（定任务，定专业，定学制，定规模，定编制）方案"进一步明确[61]：

> 根据国家的需要和科学、教育的发展，北京大学的学科要继续增加，专业设置要进一步调整，既要重视基础科学的教育和研究，当前更要重视应用科学的教育和研究，使北大成为一所包括人文科学、社会科学、自然科学、技术科学等多种学科的综合性大学。

具体而言，北京大学本科专业调整的指导思想包括：

（1）专业口径过窄的应适当放宽，并相应地改变专业名称；

（2）专业口径虽窄一些，但国家有需要，专业名称可以不变，但要注意扩大基础，在基础训练阶段可以和相近专业统一要求；

（3）有的专业，国家对这方面人才的需要量不大，而这种人才的培

---

59 刘少雪，《高等学校本科专业结构、设置及管理机制研究》[M]，北京：高等教育出版社，2009 年。

60 《关于改进教学工作提高教学质量的几点意见》（1981）[Z]，北京大学档案馆馆藏.档号：30581008(1)。

61 《1983 年教学情况和北大五定方案的报告》（1983）[Z]，北京大学档案馆馆藏，档号：3051983017。

养在本科阶段又和其他专业相差不多，可以不招本科生，而着
重培养研究生；

（4）逐步地恢复一些过去由于"左"的错误而被取消的专业；

（5）增设一些国家大量需要的应用学科专业。文科要在巩固和发
展文、史、哲等方面专业特色的同时，加强和增设经济、政
法、管理、国际文化和国际新闻等侧重于应用方面的专业，逐
步形成新的特色；理科要在巩固和发展自然科学基础理论方
面专业特色的同时，加强和增设技术科学、应用科学方面的专
业，在计算机科学技术、遥感科学技术、材料科学、环境科
学、生命科学等方面，逐步形成新的特色；

（6）要加强和发展文理结合文理工结合的新兴学科、边缘学科，从
开展科学研究入手，逐步创办新的专业。

到1985年，北京大学陆续新建了如下系和专业[62]：

表 3-7　北京大学新建本科专业和系

文　科	
新增学系	经济管理系
	国际经济系
恢复学系	社会学系
新增专业	国际法
	经济法
	宗教学
	政治学
	国际文化
	情报学
	编辑
新增专业	希伯来语
	他家禄语
专业扩展为系	考古专业扩展为考古学系
	英语专业扩展为英国语文学系

62 杜勤、睢行严，《北京大学学制沿革 1949-1998》[M]，北京：北京大学出版社，
2000 年，第 185 页。

理　　科	
新增学系	概论统计系
新增专业	微生物工程
	应用生物化学
	环境生物学及生态学
	地震地质工程
	城市规划与区域规划
	工程科学
专业扩展为系	心理学专业扩展为心理学系

从表 3-7 中我们可以看到，这一时期北大文理科都增设了应用学科专业。理科增设专业多是为了满足国家对于应用技术人员的急需，如环境生物学及生态学拟培养从事环境生物学及生态学方面的科学研究人才、高等院校师资以及环境保护、环境评价和生态学方面的实际工作者；应用生物化学专业拟培养具有生物化学及微生物学的理论知识实验技能以及生物化学应用知识的专门人才，毕业后能从事发酵、食品、制药等工业和医疗卫生事业方面的生物化学科学技术工作、应用生物化学的科研工作、有关学校的教学工作[63]。文科方面的变动则主要是为了满足国家对于干部专业化的急需。以法律系为例，为了培养"能胜任司法实际工作，并具有初步的科研能力，能撰写法律文件"[64]的短线实际人才，北京大学在恢复法律系的建制之后，大力增招法律相关专业学生。80 年代初期法律系招生数竟然占北大招生总数的 10%[65]。

3.2.4 人尽其才：从学年制到学分制

3.2.4.1 学分制与学年制的历史

学年制也称学年学时制，它是高等学校以读满规定的学习时数和学年，

---

63 北发[83]192 号，《关于设立"环境生物学及生态学"、"应用生物化学"等专业和"秘书专修科"、"实验技术专修科"的报告》（1983）[Z]，北京大学档案馆馆藏，档号：30483001。

64 《北京大学教学计划、课程目录》（1982）[Z]，北京大学档案馆馆藏，档号：3031982016。

65 《北京大学拟定六五计划和十年规划的一些初步意见》（1980）[Z]，北京大学档案馆馆藏，档号：3051980001。

经过考试合格为标准的一种管理制度[66]。12 到 13 世纪，最早出现的大学（如意大利的博洛尼亚大学、法国的巴黎大学）都是实行学年制的分科大学。到 14 世纪，在欧洲发展较为成熟的大学中普遍开始采用学年制[67]。学年制的学时计算有不同的方法，德国只计算课程授课的学时数，而苏联则将授课、辅导、自习等所有教学环节都计算在内。我国的学年制与苏联一致。相比之下，学分制则是以学分为计算学生学习份量的单位，学生修满一定数量的学分，方能毕业[68]。学分制的出现与选修制的产生和发展有着密不可分的关系。1779 年，美国弗吉尼亚州州长，后担任美国总统的托马斯·杰斐逊（T. Jefferson）在谈到高等教育时说：学生有权利上他们自己喜欢上的课，安排自己喜欢的活动，听他们认为应该听的讲课[69]。他在当年起草了《普及知识法案》，开始倡导选修制。最初，选修制在美国遭到了强烈的反对和抵制，直到南北战争之后，选修制才首先在哈佛大学站稳脚跟。然而，哈佛大学在推行选修制的过程中遇到了一个十分现实的问题，即同一系科、同时入学的学生，由于选修课程和学习进度不同，如何衡量它们毕业时必须完成的学习量[70]？为了解决这个问题，1971 年，哈佛大学将所有课程根据难易程度和需花费的学习时间折算成学分。在此基础上，哈佛大学规定，无论学生选择什么课程，只要考试成绩合格，就可以取得这门课程规定的学分。学生只要达到规定数量的学分就可以毕业，不限制学习年限[71]。不过，通过学分总量只能反映学生学习的数量，无法反映学生学习的质量。于是与学分制紧密相关的学分绩点（GPA，general point average）及相应的绩点制度出现了。绩点把学生考试成绩按照一定规律折换成一定数值，并乘以相应课程的学分数，以显示学生每

---

66 周德昌、江月孙，《简明教育词典》[M]，广东：广东高等教育出版社.1992 年，第 249 页。

67 [比]希尔德·德·里德西蒙斯，《欧洲大学史（第一卷）》[M]，张斌贤、程玉红、和震、张弛、王海芳等译，石家庄：河北大学出版社，2008 年，第 251 页。

68 周德昌、江月孙，《简明教育词典》[M]，广东：广东高等教育出版社.1992 年，第 249 页。

69 John S. Brubacher and Willis Rudy. Higher Education in Transition, A History of American Colleges and Universities (1936-1976). New York: Harper & Row Publishers, 1976, p.427.

70 马赛、郝智秀，〈学分制在哈佛大学创立和发展的历史轨迹——兼论美国学分制产生的发展的社会背景〉[J]，《高教探索》，2009 年第 1 期，第 70-75 页。

71 马赛、郝智秀，〈学分制在哈佛大学创立和发展的历史轨迹——兼论美国学分制产生的发展的社会背景〉[J]，《高教探索》，2009 年第 1 期，第 70-75 页。

门课程学习成绩的质量。如果把所有选修课程绩点相加则可以衡量学生毕业总成绩的质量。

3.2.4.2 北大学分制改革的规定

早在 1919 年，蔡元培校长就开始在北京大学实行学分制，规定"本科生修满 80 个单位即可毕业，其中必修课与选修课各占一半[72]。1929 年 8 月，国民政府教育部颁布的《大学规程》也规定："大学各学院或独立学院各科课程，得采用学分制。但每年所修学分必须有限制，不得提早毕业"[73]。1952年院系调整之后，我国将学分制彻底改为苏联学年制，即按年级、按专业排出一张课表，学生按班级进行授课，同年级同一专业所有人的教学内容、教学步骤都一致。学年制和计划经济体制对人才培养整齐划一的要求完全合拍，能够在单位时间内为国家培养出模式化的特定专业人才，对新中国成立初期国家的发展起到了积极的作用。然而，文革结束之后，长达十年的人才断层使得国家对于快出人才、多出人才有着强烈的需求，学年制固定学制的做法显然无法满足这种需求。时任教育部高等教育司司长的刘道玉回忆[74]：1977 年 8 月中旬，教育部召开了综合大学教学工作和外国教育学研究座谈会。在那次会议上，从事外国教育研究的专家重提学分制，认为学分制一方面符合"快出人才"和"多出人才"的时代要求，另一方面缓解了大量适龄青年渴望进入大学学习的尖锐矛盾（当时上大学的人只占适龄青年的 1%左右，学分制和走读制能够缩短高等教育的周期，让更多人进入大学学习）。这之后，实行学分制的内容被写进了 1978 年 5 月召开的全国教育工作会议纪要中。1978 年 6 月，高等学校文科教学工作座谈会就学分制问题进行了讨论，紧接着修订的综合大学文科专业教学计划出台了学时制、学分制两个版本供综合大学选用[75]。同年 9 月 19 日，教育部在《关于高等学校理工科教学工作若干问题的意见》中也提出："有条件的学校，可试行学分制"。与这一建议

---

72 王学珍主编，《北京大学纪事（1898-1997）》[M]，北京：北京大学出版社，1998年，第 102 页。

73 顾明远，《教育大辞典》[Z]，上海：上海教育出版社，1998 年。

74 顾明远、俞敏洪等著，刘未鸣主编，《教育改变中国》[M]，中国文史出版社，2018年。

75 《综合大学历史系历史学专业学时制教学方案》（1978）[Z]，北京大学档案馆藏，档号：30578006(5)。

同时被提出的还有"允许优秀学生跳级、提前毕业工作或报考研究生"[76]等。至此，学分制在国家制度层面得到了全面确认。

1980 年，北大校长周培源先生出访美国，在其回国后发表的《访美有感——关于高等教育改革的几个问题》中，早年留学美国的周培源校长对人才培养方式改革提出了自己的建议："（美国）学生入大学后，所学的课程，选择性是很大的……我国培养人才有两点必须考虑。其一，是社会的需要；其二，是必须按照受教育者的特点去培养，作到'人尽其才'、'因材施教'。一所好的大学，就是要使这两方面得到统一。"[77]这篇文章一经发表，引起了广泛的关注。无论是"自主选择"还是"因材施教"，都需要将整齐划一的学年制调整为灵活的学分制，而随着专门化的取消和选修组的出现，学分制教学制度在北大也有了推行的可能性。于是，北大的学分制改革在上世纪八十年代初全面铺开了。

1981 年，北京大学正式提出：为了改进教学工作，提高教学质量，有利于因材施教，使学校培养出来的学生能适应国家对不同人才类型的需要，并能够根据各自不同的条件和情况得到比较适当的发展，各系在制定教学计划时应增加其灵活性，并在编制教学计划及有关的教学管理工作中采用以"学分"计算学习量的办法，各门课程都应规定其学分数。学分的具体计算方法如下[78]：

（1）全学期课程：课堂讲授每周 1 学时计 1 学分，实验每周 3-4 学时，视内容及课外作业的难易、繁简程度，分别计 1-2 学分，习题课、课堂讨论一般不单独计算学分；

（2）不足一学期或每周学时不一的课程，根据课程各教学环节的总学时和该学期的总周数折算出课程各环节的每周平均学时数，然后比照上面规定计算学分数；

（3）毕业论文和科研训练视不同专业的实际要求，分别按 5-10 学分计算；

76　杜勤、雎行严，《北京大学学制沿革 1949-1998》[M]，北京：北京大学出版社，2000 年，第 151 页。

77　周培源，《访美有感——关于高等教育改革的几个问题》[N]，《人民日报》，1981-04-02。

78　《北京大学关于本科生教学计划的编制和有关教学管理工作的若干规定》（1981）[Z]，北京大学档案馆馆藏，档号：30481018(1)。

（4）每学期选课不得超过 23 学分，最少不得低于 14 学分。

关于成绩考核，学校规定：

（1）除某些实习、实验、社会调查等另有规定外，课程学习成绩的考核均需通过考试；

（2）考试按百分制记分，成绩达到 60 分者为及格；

（3）课程成绩与课程学分的乘积称为学生取得的该课程的"绩点"。学生全学期（全学年、在校期间）取得的全部课程绩点之和除以全学期（全学年、在校期间）所选课程的学分总数所得的商为该生该学期（全学年、在校期间）的平均成绩。有需要时，可以用这种方法衡量学生成绩。

在学分制体系下，北大本科课程被分为如下三类：必修课（学生必须学习的指定课程）、限制性选修课（限定学生必须在某些范围内选修若干门或若干学分的课程）、非限制性选修课（由学生自由选修的课程，可以跨系、跨专业）。其中选修课（包括限制性选修课和非限制性选修课）的学分应占毕业要求总学分的 20-30%。这种课程体系和全面学苏时期"基础课-技术基础课-专业课"的三层楼模式、文化革命中的"政治课-业务课-军事体育课"的设置截然不同。

1982 年对全校课程的统计显示，全校 23 个系，69 个专业（文科 8 个系20 个专业，理科 12 个系 33 个专业，外语 3 个系 16 个专业）共开设 1511 门课（文科 406 门，理科 792 门，外语 291 门，公共课 22 门），其中必修 774门，占 51%，选修 737 门，占 49%[79]。学校要求：各系在制定教学计划时，要安排好上述各类课程的学分分配比例，保证学生能够获得必须的一般教育、基础知识、专业知识及其运用能力，并能在此基础上根据个人的不同条件获得不同的发展。学生如取得全部必修课及限制性选修课的学分，同时总学分达到专业教学计划规定的 140-160 学分，修完必修而不计学分的课程及教育环节，成绩合格即可毕业[80]。

学分制改革带来了如下好处：

79 《1982 年教学计划中的一些数字统计》（1982）[Z]，北京大学档案馆馆藏，档号：30482009(1)。

80 《北京大学关于本科生教学计划的编制和有关教学管理工作的若干规定》（1981）[Z]，北京大学档案馆馆藏，档号：30481018(1)。

（1）使得学习能力较强的学生有了提前毕业的可能。如在三年之内修满毕业所需的学分即可毕业，这满足了国家对人才的迫切渴望。

（2）便于因材施教。学分制模式避免了以同一课程模式培养不同兴趣、不同能力的学生。在全新的模式下，学生可根据自己的兴趣和能力选择适合自己的学习课程和学习难度。

（3）利于拔尖人才的发现和培养。根据《学生申请以自修方式攻读教学计划规定课程的暂行规定》，学分制模式下，学生可通过提前考试的方式申请免修某些必修课或限制性选修课，并以提前考试的成绩计入该门课程的最终成绩[81]。这些免修了某些课程的学生可以另外选修自己感兴趣的更具有难度的课程，以提升自己的能力。由于上世纪八十年代初期中国高校毕业生还是分配制，所以学生对考试成绩不像现在那么重视，愿意通过这种方式更多地发展自己的兴趣。

（4）促进教学相长。学分制的一个重要特征就是由学生自主进行选课。虽然北京大学学分制改革之初，可供自由选择的课程并不多，但自由选择的可能已经开始让教师产生了压力——教师必须开出更高质量的课程来吸引学生选修，这就要求教师自身要不断地学习和提高。

3.2.4.3　学分制下教学安排的变化

（1）从选修组到限制性选修课

前文已经提到，文革之后，专门化被选修组所取代。所谓选修组，是指学生从第三学年上学期到第四学年下学期可以在系的指导下，侧重某一方面选修的若干门课程。从数量上看，选修组的课程数量相比专门化课程已经大幅压缩；从课程要求看，虽然选修组所涉及课程大部分仍属于"专门训练"，但由于课程性质由必修变成了选修，这些课程的训练深度已经比之前弱化许多[82]。1980 年，北大进一步调整选修组设计，即压缩选修组内的本专业课程数量，增加外系的其他学科选修课程。据数学、物理、化学等六个专业统计，原选修组的选修课程门数是 123 门，调整后为 75 门，减少了 48 门，约占

---

81 杜勤、雎行严，《北京大学学制沿革 1949-1998》[M]，北京：北京大学出版社，2000 年，第 151 页。

82 《1977 年中国语言文学系教学计划》（1977）[Z]，北京大学档案馆馆藏，档号：3031977023。

39%[83]。

1981 年学分制改革之后，北大正式宣布"在专业下面一般不再分设选修组"，原来的专门化课程，一部分被调整到了研究生阶段，另一部分则作为本科的"选修课程"。选修课仍围绕几个方面配套开设，但不同于选修组要求学生选择其中一个方面集中学习的方式，选修课设置要求学生围绕多个方面进行选修，每个方面都必须修满一定的学分。以中文系中国文学专业为例，1977 年教学计划中规定，学生要从文艺理论、中国现代文学、中国当代文学、中国古代文学等方面选择一个方面进行选修，总学时约 450[84]。1981 年学分制改革之后，选修组被限制性选修课所取代。根据 1981 年中文系中国文学专业教学计划规定，学生应从六个方面选修课程，每个方面必须修满固定的学分。具体要求为：文艺理论方面（6 学分）、文学创作和民间文学（4 学分）、当代和现代文学（6 学分）、古典文学（6 学分）、比较文学方面（2 学分）和古汉语专书选读（4 学分）[85]。物理系也是一样，原本下设理论物理、激光物理、半导体物理、金属物理、低温物理、磁学等六个选修组，学生要选择其中一方面进行选修[86]，1981 年之后，学生则要从上述六个方面分别选修规定数量的学分[87]。对本科选修的规定由"从多个方面选择某一方面进行选修（把专门化项目压缩为专门化课程）"变成"广泛涉猎、每一方面都要选择一部分进行学习"意味着对本科生专业训练的要求进一步降低了。

（2）增设非限制性选修课和暑期课程

北京大学在接受苏联模式的改造时，取消了中国通史等原有的大一公共选修课，强化了理科数学、物理等通用科学课比重，以打造坚实的专家基础。20 世纪 80 年代，综合大学本科的培养目标已经发生了变化，僵化的学年制也逐渐转向学分制，于是，苏联模式"文理不通"的培养模式开始发生变化。从 1981 年起，在学分制教学计划非限制性选修课模块下，学生开始可以

83　《教学管理相关规定》（1980）[Z]，北京大学档案馆馆藏，档号：3031981011。

84　《1977 年中国语言文学系教学计划》（1977）[Z]，北京大学档案馆馆藏，档号：3031977023。

85　杜勤、睢行严，《北京大学学制沿革 1949-1998》[M]，北京：北京大学出版社，2000 年，第 169 页。

86　沈克琦、赵凯华主编，《北大物理九十年》[M]，北京：北京大学出版社，2003 年，第 68 页。

87　《北京大学招生简介》（1981）[Z]，北京大学档案馆馆藏，档号：3031981006。

跨专业进行选修。文科各系陆续开出了《中国通史》、《中国哲学史》、《世界通史》、《当代文学作品选读》等供全校本科生选修，理科各系也积极为文科生开出了《高等数学》、《普通物理》、《普通天文学》、《普通生物学》、《环境科学概论》、《自然地理概论》等课程。当然，由于可选择的课程量不足，当时的文理互选课还未变成硬性规定，只是推荐本科学生进行文理互选以扩大知识面。

此外，上文提到为了多出人才，快出人才，学生可以申请提前毕业。但是，按照正常的教学时间安排每学期修读规定的学分数，学生不太可能在三年时间内修完四年学分，做到提前毕业。因此，学校从 1983 年起利用暑假时间开设一些文理学科基础知识课（如基础天文学、生物进化论、世界经济概论等内容选讲、专题讲座、科研成果讨论班等[88]）供学生选修。暑期课程打破了文理科的界限，学生可以根据自己的兴趣爱好、特长进行选择。如当时选学《社会学与社会问题》的 230 多人中有 1／2 以上是理科学生，选学计算语言的 500 多人中有 1／4 是文科学生，数学系专门为文科学生开设了一门《应用数学》，包括经济、法律、社会学、国际政治等系 60 多人选学[89]。这些都对开拓学生的视野、帮助其向边缘学科发展有所裨益。

（3）降低毕业论文要求

本科生毕业论文是苏联专门化项目的一个重要组成部分（专门化项目包括专门化课程、专门化实验和毕业论文三个部分）。20 世纪 50 年代的北大要培养专家，因此毕业论文要求"必须要有一些创造性的因素，且需要同学独立的完成"[90]，这种要求实际上类似于当下硕士研究生毕业论文的要求[91]。20 世纪 80 年代初，北京大学仍认为毕业论文是"高等学校本科生在较好地掌握本专业的基本理论、基本知识和基本技能的基础上，进行科学研究训练的重要教学环节"。毕业论文的主要目的，是"使学生受到科学研究工作各个

88　《暑期课程计划》（1983）[Z]，北京大学档案馆馆藏，档号：30483020。

89　杜勤、睢行严，《北京大学学制沿革 1949-1998》[M]，北京：北京大学出版社，2000 年，第 184 页。

90　《我校苏联专家关于考试学年论文和毕业论文等教学工作的谈话》（1955）[Z]，北京大学档案馆馆藏，档号：88。

91　王义道，〈七十年大学变革亲历记〉[J]，《北京教育》，2019 年第 10 期，第 73-77 页。

环节的训练，培养正确的科学工作作风和独立工作的能力"[92]。但是，由于高等教育本科阶段不再培养专家，对专业训练的要求相应降低，整个专门化项目被取消了。这意味着毕业论文失去了专门化课程和专门化实验的支撑，无法达到原有的高标准。于是北京大学降低了对于毕业论文的要求，明确指出：毕业论文的形式，主要是科学论文，只要能对某一学术问题进行比较系统的分析归纳，综合评述，即使没有创见，也是可以的。如果能在前人研究基础上，有所发现，有所创造，则更好。除科学论文外，其他文体形式，如调查报告，经验总结等，只要内容确有科学价值，能够提出问题、分析问题和解决问题，也应当允许作为毕业论文。[93]由于学分制的灵活性，对于理科四年制大学生，甚至可以"不要求做毕业论文，改为通过阅读文献、写读书报告、参加讨论班、参加科学实验等得到一定的科学研究训练，获得相应的学分。"[94]

3.2.4.4 学分制的负面影响
（1）加强基础的努力与误区

加强基础课程教学是提高教学质量的一个重要环节。1977 年恢复高考招生之后，北京大学推翻了文革中重实践轻理论的错误做法，着重恢复了基础课的教学。1980 年之后，在基础课基本恢复授课的前提下，学校又开始通过各种形式提高基础课的质量。如开展全校的教学情况大检查，着重检查基础课的质量；积极落实基础课必须要由讲师以上的教师担任的要求等。1981-1982 年第一学期，理科 8 个系共开设基础课 93 门，主讲教师 104 人，其中教授、副教授 29 人，讲师 68 人，教员 4 人，助教 6 人，助教只占主讲教师总数的 8.7%。有一批老教授，如陈岱孙、虞福春、陈阅增等，带头承担基础课的主讲任务，取得了良好的效果[95]。据 1982 届数学系本科校友回忆：当时的基础课都是名师亲授，如"沈燮昌老师给我们上数学分析，他后来成了北大研究生院院长，丁石孙老师给我们上解析几何，后来他当上了北大校长，另外还有张恭庆老师教我们泛函分析，江伯驹老师教我们代数几何"，"现在

92　《毕业论文工作的几点意见》（1981）[Z]，北京大学档案馆馆藏，档号：3051981008。

93　《毕业论文工作的几点意见》（1981）[Z]，北京大学档案馆馆藏，档号：3051981008。

94　《关于改进教学工作　提高教学质量的几点意见》（1981）[Z]，北京大学档案馆馆藏，档号：3031981043。

95　《一九八一年教学、科研、行政工作的基本情况和一九八二年工作的初步意见》（1982）[Z]，北京大学档案馆馆藏，档号：30582015。

想想真是庆幸，这些重要课程都有这么多大师在教我们。他们在上课的时候不仅传授我们基础知识，而且还教导我们如何做学问，告诉我们抽象问题、分析问题和解决问题的方法，这些对我们一生的帮助都很大"。[96]

然而，由于学制的缩短、师资力量的缺乏和学校对于"基础"本身认识的偏差，学校这一时期对基础课的界定局限在夯实基本理论和基本技能的本专业基础课层面（即全面学苏时期所界定的"技术基础课"），对于提供各专业共同的、更宽广基础的共同基础课（如高等数学、中国语文等）还没有引起足够的重视。如历史系中国史和世界史两个专业，大学四年中除了基础课（中国通史和世界通史）共同之外，基本上是按专业来培养学生的。且由于学制的压缩，基础课的学时也随之被压缩，过去的长通史课都改为了较短的通史课，这必然会导致过早进入二级学科或三级学科专业学习而忽视一级学科基础的问题。

（2）学分制对基础的冲击

除了现实条件不足及认识偏差带来的整体基础的弱化之外，学分制下选修课的增多也对这一时期基础课的开展造成了极大的冲击。

首先，**选修课挤占了基础课的份额，分散了教师的精力**。选修课最初由"专门化课程"演变而来，当然也包括一些老师新开出的课程。在学分制改革之后，北京大学大力推动选修课的发展。由于选修课不再担负专门化培养科研能力的重任，而是为了"开阔眼界，开阔思路，活跃思想"，因此学校认为，"有的选修课安排一二十学时也就可以了"[97]。这种定位导致很多选修课开设的很仓促，质量也不够高。很快，选修课就因为"因人设课，漫无计划"、"太专，太窄，太集中"、"没有针对学生所学专业和特点开设"而遭来了批评[98][99]。然而，从表3-8所示北京大学文科各系教师开设课程上我们看到，新开课中选修课数量比基础课数量还要多——截止1983年，文科9系开出的525门课中，基础课只有207门，选修课却达到318门。以中文系为例，仅讲

---

96 熊倪康，〈我们的北大往事〉[J]，《现代计算机（普及版）》，2008年第6期，第125-126页。

97 《部属重点综合大学化学系课程结构研究会纪要》（1981）[Z]，北京大学档案馆馆藏，档号：30481017(1)。

98 《关于文科1983年的教学情况》（1983）[Z]，北京大学档案馆馆藏，档号：30583001(8)。

99 《文科、外语科教学检查汇报》（1982）[Z]，北京大学档案馆馆藏，档号：30582016。

唐诗方面的选修课就有 5 门，由 6 人教员讲授。占总学分 20%-30%的选修课不仅质量不高，挤占了基础课的比重，还占据了教师的大量精力，严重影响了教师在基础课方面的精力投入。

表 3-8 北京大学文科各系教师开设课程统计表（1981-1983）[100]

系　　别	现已开出的		准备开出的	
	基础课	选修课	基础课	选修课
历史	14	80	1	9
中文	32	79		
哲学	15	26		
经济	53	31	1	2
法律	36	37	4	5
国政	28	22		
图书馆学	14	21	6	
社会学	5	2	3	
考古	10	2	2	6
共计	207	318	17	22
总计	已开出的共	525	拟开出的共	39

其次，学分制下的考试制度影响了学生在基础课上的投入。由于选修课多为 2 学分，而选修课学分总数被要求占总学分的 20-30%，这就意味着学生要修满选修课的学分，需要选 8-9 门课。这些教学环节简单的 2 学分选修课仓促上马，没有教材、没有教学大纲，难以取得良好的教学效果，却在学分制改革的制度要求下，一律要进行考试，且以百分制计分，折算成绩点。相比全面学苏时期仅对重要基础课 3-4 门组织口试，学生可以将更多的时间精力投入到重要基础课上的情况，学分制下的考试制度导致学生们为了获得更好的成绩和绩点，在质量不高的选修课考试上花费大量的复习时间，从而直接影响了其在基础课上的投入[101]。从这个意义上说，上世纪八十年代的学分

---

100 《关于文科 1983 年的教学情况》（1983）[Z]，北京大学档案馆馆藏，档号：30583001(8)。

101 《历史系关于教学改革的意见和设想》（1984）[Z]，北京大学档案馆馆藏，档号：

制改革直接削弱了北京大学本科人才宽厚的基础。

3.2.5　注重培养实际工作能力

3.2.5.1　从注入式教学转向启发式教学

1952 年院系调整之后，我国教育领域全面学习苏联，在教学法方面也不例外。北京大学物理系就曾聘请了 6 位苏联专家，全面指导物理系的教学向苏联模式转变，甚至还出版过专门的《高等学校物理教学法》[102]。我国所学习的苏联课堂教学法的主要理论来源是凯洛夫的教育理念。凯洛夫将教学过程描述为"教和学两个方面构成的，由教师的教和学生的学共同构成的教学活动"。"学生（通过教师讲解）掌握教学大纲和教科书所规定知识"，并习得"技能和技巧"[103]。凯洛夫批判杜威的实用主义教育学，强调系统知识的传授；强调教师的主导作用。他认为"教师本身是决定教学培养效果之最重要的、有决定作用的因素"，"教学的内容、方法、组织之实施，除了经过老师，别无他法"[104]。由于凯洛夫的教育学理念与中国传统教育中的师道尊严有相当的一致性，因此，在 20 世纪 50 年代的改革中很容易被接受。这种教师主导的、强调系统性知识学习的课堂讲授方式和苏联模式的课堂讨论、习题课、实验实习等共同构建了完善的教学模式，在特定的历史环境下为培养国家需要的各类专家人才作出了应有的贡献。

文革结束之初，我国高等教育领域纠正文革中片面强调实践，忽视甚至否定课堂讲授的教学方式，大力强调课堂讲授的重要性，逐步恢复了严肃的课堂教学。然而，由于师资力量、硬件设施的不足，苏联模式中与课堂讲授配套使用的旨在培养学生能力的讨论、习题课、实验实习等并未得到同步的、同样力度的恢复。于是，教学改革出现了矫枉过正的情况，即片面强调课堂教授，教学方式"灌得多"、"抱着走"、"学得死"[105]。以北大法律系为例。时任北京大学高教研究室老师的郝克明对法官、检察官、律师的知识结

30584018(3)。

102 沈克琦、赵凯华主编，《北大物理九十年》[M]，北京：北京大学出版社，2003 年，第 45 页。

103 [俄]凯洛夫，《教育学》[M]，北京：人民教育出版社，1950 年，第 130 页。

104 [俄]凯洛夫，《教育学》[M]，北京：人民教育出版社，1950 年，第 135 页。

105 （85）教高一字 003 号，关于印发《何东昌同志在综合大学化学系教学改革和课程结构研究会上谈教学改革》和《综合大学化学系教学改革和课程结构研究会议纪要》的通知（1985）[Z]，北京大学档案馆馆藏，档号：30485019(2)。

构和能力要求做了调研，探讨如何培养高级法律实际工作者而非法学理论工作者。在81、82届法律系毕业生座谈会上，现任国家总理、北大法律系毕业生李克强谈到："北大法律系的教学基本是演绎法，老师常常是讲法律条文，到底怎么解决法律当中的实际问题讲得很少，也没有什么案例，基本从书本到书本，这样离开学校恐怕很难符合实际用人部门的要求"[106]。其他学生也纷纷通过学校的教学检查反映自己的呼声。如在1982年教学检查中，学生们抱怨"上课教员讲得辛苦，学生记笔记紧张，听课乏味。上课除了教员讲授以外，提问少，讨论少，作业少，参观等其他环节少。"[107]北京大学在1982年北京高校教学经验座谈会上也坦承：北大"教学方式多数还偏重于知识的传授，课堂上呆板的把书本知识灌输给学生"，"讲得过多过细，课内学时过多，影响学生自学能力的培养，教学效果不好"[108]。

这之后，为了提高学生适应实际工作的能力，学校开始"适当减少讲授时数，增加自学时数。在课堂上仅讲授重点难点，其他让学生自学。在讲授方法上也做了相应改革，遵循认识论规律，从实践——认识——再实践的原则进行启发式教学。"[109]如哲学系在对"生产关系一定要适应生产力状况的原理"讲解过程中，一改过去只停留在书本上的抽象解释，带领同学们去农村实地调查了一个生产大队的改变；中文系"闻一多诗歌理论"课上，老师带领学生沿着闻一多先生当年的足迹，边走边讲闻一多的生平，并访问多位老先生，注意抓一手材料，培养学生实际工作能力[110]。

3.2.5.2 加强实践技能和实验技能

20世纪80年代，社会的发展要求学生有较强的适应性，这对学生独立吸取知识和创造性开展工作的能力提出了很高的要求。北大意识到：要获取

---

106 郝克明口述，《教育事业发展呼唤全局性、战略性科学研究》[A]，《改革开放30年中国高等教育改革亲历者口述纪实》[M]，北京：教育科学出版社，2008年，第41页。

107 《1981-1982学年第一学期教学检查小结》（1981）[Z]，北京大学档案馆馆藏，档号：3051981015。

108 《部属重点综合大学化学系课程结构研究会纪要》（1981）[Z]，北京大学档案馆馆藏，档号：30481017(1)。

109 《北京高校教学经验交流会材料：关于改进教学工作，提高教学质量的几点想法和做法》（1982）[Z]，北京大学档案馆馆藏，档号：30482011。

110 《文科、外语科教学检查汇报》（1982）[Z]，北京大学档案馆馆藏，档号：3051982016。

这种由诸如获取信息、观察比较、逻辑推理、分析归纳、综合判断、数量计算、语言表达、工具使用等等多方面的微观能力组成的宏观能力，必须有坚实和广泛的知识，但这并不意味着要在教学计划中给学生以包罗万象的知识，而是要培养学生从独立的实践中获得能力[111]。于是，在启动对"矫枉过正，过于强调课堂讲授"培养方式的改革之后，北京大学又将恢复实习实践能力的培养提上议事日程。

文科方面，为了解决国家干部队伍的极度短缺问题，北京大学承担了培养大量实际工作者的任务。实际工作者的定位对学生的实践能力提出了较高的要求，然而，上世纪80年代初，相比79年以前的大学生，绝大部分（学生）都是中学毕业的小娃娃，他们年纪较小，缺乏一定的社会经验和思考问题分析问题的能力，政治思想不定型，可塑性很强，平时缺乏劳动习惯，劳动观点不强，实践知识又相当贫乏，强烈需要通过实践活动进一步塑造成德智体全面发展的人[112]。于是，北大文科各专业根据自己的情况，分别安排了专业实习、社会调查和其他实践性教学环境，走向社会，深入农村、工厂，向工人、农民进行调查，开阔眼界，丰富知识，加深对理论的理解，并向有关领导部门提供有参考价值的情况和资料。如1982年经济系、国政系部分师生，受中央书记处农村改革研究室和国家农委的委托，先后两次到浙江、黑龙江、湖南、山东等地调查，围绕落实生产责任制后农村发生的变化等写出一批调查报告，受到领导的赞许。法律系则一直坚持到法院、检察院实习[113]。

相比文科专业实习、社会调查和其他实践性教学环节的安排，理科的实践活动主要通过参加实验实习进行。新中国成立之前，受到传统观念"劳心者治人，劳力者治于人"的影响，我国高等教育普遍存在重理论、轻实践的情况，所以，那时实验课往往是从属于理论课程的，仅仅起到验证理论是否正确的作用。全面学苏之后，我国原本从属于课程的实验课开始具有独立的地位，它不必与相关理论课程相互衔接，而是独立自主地设置实验内容，这

---

111 王义道，《从北大的实践探讨教学改革中的几个问题》[A]，《谈学论教集》[M]，北京：北京大学出版社，1997年，第85页。

112 《历史系关于教学改革的意见和设想》（1984）[Z]，北京大学档案馆馆藏，档号：30584018(3)。

113 《文科、外语科教学检查汇报》（1982）[Z]，北京大学档案馆馆藏，档号：30582016。

符合先有实验，而后产生理论的科学规律[114]。然而，由于根深蒂固的传统观念阻碍，在对苏联模式的修正过程中，实验课又失去了其独立地位，成为理论课的附庸。20 世纪 80 年代，随着"培养专家"到"培养专家毛坯"的转向，学生需要具备更高的自主分析问题、解决问题能力，原来"理科实验室做的大部分验证性实验不利于学生自学和思考，更谈不上对学生独立工作能力的培养。[115]"于是，北京大学增加实验、实习教学的比重，在充实更新普通物理、普通化学、电子学、近代物理等实验室仪器设备的基础上，增开一些实验技术方面的选修课程，并在假期开放基础课实验室，让更多的学生有机会独立动手做实验。以 1981 年物理学系物理学专业为例，在必修课模块下，普通物理实验、电子学实验、近代物理实验都分别开出了 6 个学分，属于必修课中学分数最多的一类课程；在非限制性选修课模块开出了低温物理实验、半导体物理实验等实验类课程（均为 3 个学分），也是这一类模块中分值最多的课程[116]。此外，北京大学的实验教学还逐步将验证性的实验内容发展为要求学生自己设计、有探索性的实验，教师尽可能只充当参谋而非裁判，对于学生在实验中出现的问题及异常现象，不做对与不对的简单回答，而是结合基本要求予以引导，提供方便，让学生自己解决问题[117]。如化学系在 3 学时实验课上只安排中等程度学生在 2 学时内能做完的内容，除了一些操作、安全及学生普遍存在的问题不得不讲外，教师尽量少讲，在学生完成指令性任务后，支持和鼓励学生按照自己的想法和问题展开相关实验[118][119]。

---

114 王义道，《在 21 世纪人才培养中实验教学的地位和作用——在 97 实验教学改革研讨会上的报告》[A]，《全国高等学校实验教学改革文集》[C]，沈阳：辽宁大学出版社，1998 年。

115 《北京高校教学经验交流会材料：关于改进教学工作，提高教学质量的几点想法和做法》（1982）[Z]，北京大学档案馆馆藏，档号：30482011。

116 《1981 年物理学教学计划》（1981）[Z]，北京大学档案馆馆藏，档号：0041981022。

117 王义道、孙桂玉、王文清，《文理基础学科的人才培养》[M]，北京：北京大学出版社，2005 年，第 232 页。

118 王义道、孙桂玉、王文清，《文理基础学科的人才培养》[M]，北京：北京大学出版社，2005 年，第 231 页。

119 注：20 世纪 90 年代末期，理科实验课进一步改革。以物理系为例，把实验课分解为基本实验、选做实验、综合设计实验三个层次。基本实验的作用是对学生进行基本实验的三基训练，要求每个学生必做，而选做实验着重实验技能的训练。综合物理实验选修课选题要求要求有一定先进性、研究性、综合性、应用性，题目由教师或学生提出，一般情况下，学生在教师指导下用一学期完成。

需要注意的是，虽然在三级学位制度确立的大背景和本科四年学制的客观条件下，北京大学已经提出并在各种场合重申降低对本科毕业生的要求，将培养实际工作者纳入培养目标，上文也梳理了北京大学为了培养实际工作者所做的种种改革，然而，从根本认识上来说，北大这一时期仍认为"作为综合大学，本科人才培养的主要任务是培养基础学科方面从事教学和科学研究的人才，其次才是培养与本专业相关的其他实际工作者"[120]。这一点可以从当时各专业培养计划设定的培养目标表述中得到印证：1982年中文系中国语言文学专业的培养目标定为"培养德、智、体全面发展的从事文学教学、科学研究和其他有关工作的专门人才"[121]；1982年物理学系物理学专业教学计划中制定的培养目标为："培养德、智、体全面发展的从事物理学方面的教学、科研及其他有关科学技术工作的专门人才"[122]。可见，这一时期学校仍侧重培养教学科研人才。

不仅校方并未真正认可培养实际工作者的任务，北大学生的认识也是如此。文革结束之后，受"科学家的春天"[123]和"人人争当陈景润"[124]两个标志性事件的影响，青年学生怀揣科学梦，崇尚学习、崇尚知识，希望能够通过四年的学习成为高级专门人才。北京大学作为全国科学、文化的标志，更是弥漫着"成名成家"的热潮——在中美联合举办的赴美研究生考试中，北大考中人数多次位列全国第一；在浓厚的学术空气下，学生自办了各类刊物，如图书馆学系的《初读》、经济系的《学友》、西语系的《缪斯》、历史系

---

120 杜勤、睢行严，《北京大学学制沿革 1949-1998》[M]，北京：北京大学出版社，2000年，第158页。

121 《北京大学教学计划、课程目录》（1982）[Z]，北京大学档案馆馆藏，档号：3031982016。

122 《北京大学教学计划、课程目录》（1982）[Z]，北京大学档案馆馆藏，档号：3031982016。

123 注：1978年，邓小平在全国科学大会的开幕式上针对文革中严重忽视科研工作的大背景发言指出：科学技术是生产力"、"我们的科学事业是社会主义事业的一个重要方面，致力于社会主义的科学事业，做出贡献，这就是红的表现，就是红与专的统一"、"至少必须保证六分之五的时间搞业务"、"我愿意当大家的后勤部长"……郭沫若作为中科院院长在此基础上发言称："科学的春天到来了！科学需要社会主义，社会主义更需要科学。"这给新时代青年从事科研工作提供了极大的动力。

124 注：1978年第一期《人民文学》杂志发表了报告文学《哥德巴赫猜想》，其文记述了青年数学家陈景润的科研历程。文章一经问世，就在幅员辽阔的中国大地上引起了极其热烈的反响。陈景润一时成了青年学生的偶像。

的《求实学社》等；截至 1982 年，北大在校生在省级以上报刊杂志发表各类文章 900 多篇[125]。此外，由于 77-78 年学生入学时，不少人已经取得一些成就，而他们毕业后，又很快在重要岗位上担任领导、指挥、或攻关项目的负责人，这也给了以后各届学生一种潜意识的竞争压力。上述种种都说明，在 20 世纪 80 年代初期，北京大学学生学习科学文化知识的积极性非常高。他们勤奋刻苦、求知欲强，渴望扩大知识领域，认为"有了业务（专业）就有了一切"[126]，对从事实际工作热情并不高。

3.3 本章小结

1977 年，中国高等教育结束混乱，回归正轨。北京大学根据高教六十条培养专门人才的原则，积极恢复基础课课堂教学，并试图打造系统的教学体系，以恢复到重视厚重基础的专才培养模式。

恢复高考之后的三年拨乱反正很快过去。学制的压缩、本科地位和培养目标的变化使得北京大学本科人才培养面临着全新的挑战。经过"通才"与"专才"的大讨论，北大重申了培养"专门人才"的使命，同时在全面学苏之后首次肯定了"通才教育"的正面意义。不过，在当时的语境下，"专"不再指向"对于高深知识的理解与运用"，而是指向一毕业就能"顶位上岗"的对口能力；"通"既不是要"以科学达修养"，也不是要培养"无产阶级世界观"，而是要恢复苏联模式的"宽厚专业基础"。不难发现，这个"通"实际上是对文革期间过于狭隘专业方向的纠正。在培养专才与重视宽厚基础的基调下，北京大学拓宽专业面，增设应用学科专业，并将僵化的学年制改为灵活的学年学分制。伴随着学分制的施行，专门化彻底退出了历史舞台，选修课取而代之，毕业论文的要求也降低了，这些都意味着学校对专门训练的要求大大降低。专门训练节约的时间在广泛涉猎、扩大知识面方面得到了体现。此外，为了帮助完全没有社会经验的 80 年代初期大学生更好地适应实际工作，帮助理科学生增强发现问题解决问题的能力，学校加大了实习实践的力度，改革

---

125 《发扬创造精神，努力为北大学生德、智、体、美全面发展服务——潘维明同志在第十四届学生代表大会上的工作报告》（1982.9）[Z]，北京大学档案馆馆藏，档号：Z11.99。

126 《北京大学学生工作资料选编》（1979.5-1983.5）[Z]，北京大学档案馆馆藏，档号：Z11.99。

了实验教学的方式方法。

　　然而，由于学校基础课力量暂时未恢复到之前的水平，加之在学分制改革之后，旨在扩大知识面的选修课大大挤压了师生在基础课上的投入，所以，这一时期北京大学本科教育的基础虽有所恢复，但仍不到位。而"增强适应性"的面向"通用能力"的"通"这时已经出现在北京大学的培养理念和课程体系中。在接下来的章节中，我们会看到，面向"通用能力"的"通"如何取代了面向"宽厚基础"的通，成为下一个阶段北京大学本科教学改革过程的"通识"所指。

表 3-9　北大本科人才培养模式及通专内涵（从计划到市场（上））

本科人才培养模式	内　　涵
培养目标	专家的毛坯与少量实际工作者
专业设置	拓宽基础学科专业口径，增设应用学科专业（仍以基础学科专业为主）
课程设置	必修课-限制性选修课（从多组专门方向选修课中任选，广泛涉猎）-非限制性选修课
教学组织形式	恢复以课堂教学为中心，通过实习实践培养学生的实际工作能力
专	具备顶位上岗的能力
通	宽厚的专业基础／通用的能力

第四章 从计划到市场（下）：大量培养实际工作者（1985～1992）

4.1 人才培养环境的变化

4.1.1 高等教育体制变革的冲击

4.1.1.1 从"统包统分"到"付费上学、自谋生路"

1982-1992 年间，我国经济体制经历了从计划经济到市场经济的大变革[1]。面对社会主义经济体制的转向，高等教育计划招生、计划分配、统包统分的旧体制显然不再适合。"毕业生怎么就业，学校怎么招生"必须重新思考[2]。1985 年《中共中央关于教育体制改革的决定》拉开了大学招生计划制度改革的序幕。《决定》指出，除了国家计划内的招生外，要增加委托培养和自费生两种招生途径。作为一所文理基础学科为主的大学，上世纪八十年代中期

1　注：1982 年，党的十二大就正式提出了计划经济为主、市场经济为辅的观点。1984 年，党的十二届三中全会通过的《中共中央关于经济体制改革的决定》进一步指出：商品经济的充分发展，是社会经济发展的不可逾越的阶段，是实现我国经济现代化的必要条件。1987 年，党的十三次代表大会正式提出社会主义有计划商品经济的体制应该是计划与市场内在统一的体制的观点。1992 年党的十四大报告中正式确立"我国经济体制改革的目标是建立社会主义市场经济体制"。至此，市场经济体制正式取代计划经济。

2　何东昌，《重大教育决策都来源于教育实践》[A]，《改革开放 30 年中国高等教育改革亲历者口述纪实》[M]，中国高等教育学会组编，北京：教育科学出版社，2008 年，第 10 页。

的北京大学在商品经济的冲击下，只靠国家下拨的少量经费，连起码的教学科研都难以维持，教职工生活也比较清苦。新增的招生途径作为一种重要的创收手段，能改善学校办学条件、改善职工生活，因而受到了校方的欢迎[3]。随即，北大开始招收定向委托培养学生[4]。1988 年，除继续招收委托培养学生之外，北京大学又开始试点招收自费生（首次在电子学与信息系统、经济法、国际经济三专业招收 150 名自费学生[5]），这开启了学生上北大先支付学费的先河[6]。

除了招生制度的变化，分配制度方面也发生了根本的变化。在 1985 年全国高校毕业生分配工作会议上，教育部决定：教育部直属 36 所高校在扣除考取研究生的人数后，27%由国家统一分配，以保证国家重点和急需，其余 73%在国家分配方针指导下，由学校和用人单位直接联系，以"供需见面"的形式提出分配建议计划[7]。这意味着新中国成立以来持续多年的高等院校统包统分制度开始改变，包括北京大学在内的首批部属高校大部分毕业生的"金饭碗"开始被打破。

4.1.1.2 从"供不应求"到"适销不对路"

在"双向选择"、"自谋职业"政策下，北大许多文理科基础学科专业毕业生因无法满足人才市场需要，适销不对路，在分配问题上遇到了极大的困难。这里有必要回顾一下新中国成立以来基础学科毕业生分配的历史。1952年院系调整之后，培养文理科基础人才的全国综合性大学调整到仅剩 13 所，而同一时期国内新建科研院所数量剧增，这导致综合大学培养的基础学科人

3　根据国家教委（86）教学字 002 号，《普通高等学校接受委托培养学生管理工作暂行规定》，受部门或单位委托培养本专科学生，每生每年委托培养费人民币 4000元；根据国家教委（88）教学字 005 号，《一九八八年普通高等学校试行招收自费生办法》，每生每年需缴纳 1800-2500 不等的学费。

4　注：1986 年北京大学首次招收委托培养学生 30 名，分布在物理、化学、计算机软件三个专业方向；1987 年委托培养学生增至 50 名（参见《北京大学 1986 年在黑龙江、辽宁、甘肃、河北、北京招收委培生计划》[Z]，北京大学档案馆馆藏，档号：30386011(7)；《关于 1987 年各专业招生数的通知》[Z]，北京大学档案馆馆藏，档号：30386011(24)）。

5　《关于北京大学 88 年招收自费生的报告》（1988）[Z]，北京大学档案馆馆藏，档号：30388008(4)。

6　王义道，《行行重行行——王义道口述史》[M]，武汉：华中科技大学出版社，2019年，第 128 页。

7　《中华人民共和国国务院公报》[Z]，1985 年第 8 期。

才成为供不应求的"香饽饽"。到 20 世纪 60 年代中期，科研机构和高校人员已经基本饱和，以从事科学研究和教学为主要出路的基础学科毕业生出现了新中国成立之后的首次过剩，各大高校纷纷通过"储备师资"的名义将部分毕业生留校，以缓解毕业生分配难的困境。文革结束后，在百废待兴的大环境和"科学的春天"口号激荡下，中国大地再次涌现"学好数理化，走遍天下都不怕"的高潮。由于十年浩劫导致人才基本断档，基础学科的大学毕业生再次走俏。然而，又一个十年过去，20 世纪 80 年代中后期，基础学科人才就业难的问题又出现了[8]。这次基础学科人才的滞销在 80 年代上半期已经初见端倪——当时高校和科研单位已经开始倾向于接受硕士以上学位人员，中央机关也开始压缩从大学毕业生中直接选拔人才的比例，转而接收更多具有基层工作经验的人员进入中央机关工作。而北大作为文理科综合性大学，虽然已经开始了从培养"专家"到培养"毛坯"与"实际工作者"的改革，但由于贯彻实施层面不够到位，事实上，大量本科毕业生仍不能胜任实际工作。从化学系 1983 级学生在 1984 年给时任北大校长丁石孙的信中我们可以看到学生对此的抱怨："上了一年的普通物理（牛顿力学之类），这些我们在中学已经学过，因此物理课大可不必，我们需要的是电工学，无线电技术课，这是为我们将来工作时着想，一些仪器不会使用怎么办？北大开这些课是完全有能力的，有能力为何不开，我们为什么不能学习日本，一切从实际出发，理论和技术相结合？重视技术正是日本发展很快的一个原因，而我们化学系只会重视理论，没有电工知识和无线电知识，我们怎么能适应工作？怎么搞理论研究？"[9]虽然学生的这一认识有失偏颇，但我们仍可从这种抱怨中感受到学生对于北大本科人才培养不能满足实际工作需要的不满。

随着经济体制改革的深化，市场规则越来越开始主导经济生活，到上世纪八十年代末期，北大这样以文理科基础学科为优势的大学培养的人才在人才市场上彻底失去优势。

8　王义道，《探索新型综合大学——王义道教育文选》[M]，武汉：华中科技大学出版社，2018 年，第 96 页。

9　《化学系 83 级汤某某就教学中的问题给丁校长的信》（1984）[Z]，北京大学档案馆馆藏，档号：30484025(2)。

表 4-1　北京大学 1988 年北京地区理科供求情况表[10]

专　业	物理	细胞	植物生化	环境生物	应用生化	空间	天体	经济地理	拓扑学
北京地区供给人数	28	7	8	5	5	3	3	2	3
北京地区需求人数	7	1	1	1	7	0	0	1	0

表 4-2　北京大学 1988 年部分基础文科专业全国供求情况表[11]

专　业	古典文献	世界史	宗教学	考　古
毕业人数	32	21	10	24
需求人数	8	9	2	9

表 4-1 和表 4-2 分别反映了北大 1988 年基础理科和基础文科的需求情况。不难发现，除了偏应用的应用化学专业之外，所有理科专业均出现供大于求的尴尬局面；基础文科如历史、哲学等专业也存在着和理科同样的困境[12]。雪上加霜的是，即便是有需求的地方，学生还可能因为不满意而不一定愿意去，这致使北大文理科基础学科专业就业情况更加不乐观。面对这种适销不对路的局面，社会上关于"基础学科人才过剩"，特别是"理科毕业生过剩"的说法再次开始泛滥。

然而，从招生数字上看，部属综合大学基础理科专业的招生比例和绝对人数在上世纪 80 年代不仅没有上升，还有所下降。以北京大学为例，恢复高考后 10 年内理科招生数在 1983 年达到峰值 1437 人，这个数字中还包含了新建应用和技术学科专业招生的 250-300 人。减去这个数字之后，北大 1983 年理科专业实际招生数为 1100 余人。这个数字比文革前 1956 年 1470 人、1957 年 1560 人、1958 年 1485 人、1960 年 1515 人的理科招生数还要少 300-400

10　《1988 年教学研讨会纪录》（1988）[Z]，北京大学档案馆馆藏，档号：30488001(7)。

11　《教学研讨会文科组讨论记录》（1988）[Z]，北京大学档案馆馆藏，档号：30588025(2)。

12　注：由于新中国成立后文科并没有像理科那样经历过一个大规模发展的辉煌时期，加之文革之后国家对大批财经、政法干部的迫切需要，上世纪 80 年代，文科人才境遇的反差看上去似乎没有那么的明显。事实上，仅有应用文科专业的毕业生不存在分配难的问题。

人[13]。可见，"理科毕业生过剩"并不是供给出现了问题。事实上，理科毕业生的所谓过剩是因为，在服务国家建设的定位下，高等教育被要求走向职业化，更多地培养"实际工作者"。一时间，以基础学科专业为主的综合大学不能适应这一变化，所以在"供应"和"需求"上出现了不平衡。以 1988 年为例，当年北京大学共有 2030 名毕业生，社会需要数 2500 人，但存在明显的分配不平均——相对数学、物理、化学等基础学科专业供大于求的尴尬境地，计算机、英语、图书馆等应用型专业则供不应求[14]。这种局面在全国高校中普遍存在，它使得文科第一志愿报哲学、理科第一志愿报数学的人数几乎降到谷底[15]（可参见表 4-3，北大 1988 年招生理科平均分 580 以上、文科平均分530 以上的专业中，鲜见基础学科专业）。

表 4-3　北京大学 1988 年招生高分段专业分布情况[16]

理　　科	平均分	文　　科	平均分
生物化学	596.9	国际经济	551.2
计算机软件	592.6	国际法	539.9
细胞遗传	586.5	国际经济管理	539.8
物理学[17]	585.5	国际政治	534.5
生物物理学	584.2	经济法	532.3
无线电电子学	582.6	经济学	530.5
科技情报	581.6	英语语言文学	536.6
微电子学	581.1	德语语言文学	530.7

4.1.1.3　从"成名成家"到"读书无用"

相比基础学科人才的式微和应用学科人才的抢手，更让"天之骄子们"无法接受的是，随着市场经济的风头逐渐涌起，许多没有什么文化的，又没

13　王义道，《关于高等理科教育改革的几点看法》[N]，《中国教育报》，1990-08-28。

14　《1988 年教学研讨会纪录》（1988）[Z]，北京大学档案馆馆藏，档号：30488001(7)。

15　王义道，《行行重行行——王义道口述史》[M]，武汉：华中科技大学出版社，2019年，第 84 页。

16　《1988 年招生工作总结》（1988）[Z]，北京大学档案馆馆藏，档号：30388008(13)。

17　注：物理系生源仍较有保证，这是因为（1）社会上还流传着物理专业出国容易；（2）物理基础全面，转其他工作容易；（3）中学生中还是有不少优秀学生喜欢物理。（参见《招生工作总结》[Z]，北京大学档案馆馆藏，档号：30388008）

有进入国营企业、事业单位等所谓"单位"的人，首先进入了个体户的行列，进而成为大众羡慕的先富起来的人；与此形成鲜明对比的是教授、医生、教师、公务员、工程师等捧着铁饭碗的群体由于体制等原因，依然在单位拿着难得涨一下的固定工资。以北京大学为例，从事教学科研的副教授在1988年的月收入只有150元左右[18]，相比之下，当时一名出租车司机的月收入则有2000-3000元[19]。这就不难理解为何"80年代最受人们欢迎的职业前三名分别是出租车司机、个体户和厨师，倒数三名则分别是科学家，医生和教师"[20]了。在这种情况下，"读书无用"、"搞原子弹的不如卖茶叶蛋的，拿手术刀的不如拿剃头刀的"声浪泛滥开来，整个北大校园弥漫着浓厚的商业氛围——"1988年北大九十周年校庆期间，北大有无数的小摊，卖北大人写的书，卖纪念章、卖纪念瓷盘、卖纪念信封、海鸥冰棍汽水。老的少的都仿佛是社会主义个体户，都仿佛才从金矿回来，都仿佛是百万富翁。"[21]越来越多的老师开始迫于生活压力"下海"从商，大学生也不再具有"成名成家"的志向，学习的积极性也急剧下降——学分被他们戏谑为"多么好挣的东西"[22]，而选修课被调侃为"选了就算修了的拿学分的方式"[23]。每到考试的时候，北大学生总是"师生对面不相识，笑问考场在哪厢"[24]。相比对学业的消极态度，买卖和赚钱成了大学生们关注的焦点。许多同学要求学点经商、做生意、当经理的本事，有的同学还想在学校开咖啡馆茶馆，甚至已经有同学干脆将家乡土特产运到学校里贩卖[25]，在学生宿舍经营起香烟，做起兑换美元的生意来[26]。

北大毕业生不再是"天之骄子"，不仅开始需要自己找工作，还有许多人找不到工作；即便找得到工作，也无法获得满意的薪酬和社会地位，这在改

---

18 丁石孙，〈问题在于把教育放在什么位置〉[J]，《群言》，1988年第12期，第3页。

19 《新职业折射社会演进趋势》[EB/OL]，http://www.sohu.com/a/328557341_120044375. 2018-12-30。

20 《新职业折射社会演进趋势》[EB/OL]，http://www.sohu.com/a/328557341_120044375. 2018-12-30。

21 橡子、谷行，《北大往事》[M]，北京：新世界出版社，2002年，第214页。

22 橡子、谷行，《北大往事》[M]，北京：新世界出版社，2002年，第258页。

23 橡子、谷行，《北大往事》[M]，北京：新世界出版社，2002年，第265页。

24 橡子、谷行，《北大往事》[M]，北京：新世界出版社，2002年，第258页。

25 王义道，《行行重行行——王义道口述史》[M]，武汉：华中科技大学出版社，2019年，第78页。

26 橡子、谷行，《北大往事》[M]，北京：新世界出版社，2002年，第214页。

革开放之初是无法想象的——那时候整个国家的舆论都聚焦和关注着大学和大学生，北大更是首当其冲。社会上甚至流传着"全国看大学和大学生，大学和大学生看北大和北大学生"的说法。据当时的北大学生回忆：北大新闻上《新闻联播》之频繁，以至于中央电视台都不再派自己人过来，而把录制任务交给了北大电教室。每次北大有活动就由北大电教室录制好，然后把录像带送到电视台，当天或第二天晚上《新闻联播》就直接播出了[27]。这种巨大的反差给了北京大学管理层以强烈的刺激。学校意识到，必须加快进行本科人才培养方式的改革，以增强教育主动适应经济建设和社会发展的能力。而根据 1985 年《中共中央关于教育体制改革的决定》，高等学校的办学自主权也逐步扩大，这使得学校的自主改革成为可能。

4.1.2 北大对本科人才培养的反思

在上述变革的冲击下，北京大学展开了本科人才培养模式的大变革。但是，这种变革并不像我们想象的那样，完全以市场需求为导向，培养学生立竿见影的"实用技能"以适应实际工作的需要，它还包含着更为关键，也更为可贵的"加强宽厚基础"的努力，之所以出现这样的理念和实践，是源于一个项目的启发和一位校长的经验。

4.1.2.1 CUSPEA 项目的启发

文革十年，高等教育领域与西方国家的交流全部中断，这加剧了我国各个领域特别是自然科学领域的全面落后。1978 年 6 月，邓小平就派遣留学生问题做出重要批示，他说：我赞成留学生数量增大，主要搞自然科学……这是五年内快见成效，提高我国水平的重要方法之一。要成千成万地派，不是只派十个八个[28]。这个讲话在教育界引起了巨大的反响。1978 年 10 月，以北京大学周培源校长为团长的中国教育代表团赴美直接商谈双方互派留学生事宜，并在这个过程中会见了美籍物理学家、诺贝尔奖金获得者杨振宁、李政道等人。由于当时中美尚未建交，美国无法通过官方渠道接收中国留学生，于是，李政道应允中国教育代表团中时任北京大学副校长的沈克琦（二人曾

27　《高翔：八十年代的北大演讲团》[EB/OL]，http://www.sohu.com/a/276987179_302111. 2018-11-22。

28　《邓小平同志谈清华问题时关于派遣留学生问题的请示》[A]，李滔主编，《中华留学教育史录——1949 年以后》[M]，北京：高等教育出版社，2000 年，第 365-366 页。

是西南联大时期的同班同学）通过自己的渠道在美国给中国培养一百个博士[29]。1979 年，李政道教授代表哥伦比亚大学物理系委托中国科技大学研究生院和北京大学，从近三十个校、所招收了两批研究生赴哥伦比亚大学学习[30]。由于这批学生表现很好，第二年，李政道提出举办联合统一考试，推荐选派成绩优秀的本科毕业生到美国 53 所大学物理学系学习，"CUSPEA（China-U. S. Physics Examination and Application）项目"正式启动。

从 1979-1988 年，共有 915 人通过 CUSPEA 项目派出赴美留学，其中北京大学学生 198 名，占总数的 20%以上[31]。北大赴美学生分别来自基础相近的物理类四个专业：物理学、无线电电子学、地球物理学、原子核物理学。虽同为物理类专业，但各专业一直坚持"基础课要为专业课服务"、"学以致用"的理念，这导致他们在四个专业的共同学科基础课"四大力学"上要求差异极大。其中，物理学专业"四大力学"课要求最高，学时分配最多，而其他几个专业的要求则弱化很多，仅要求掌握与自己专业对口的那一部分知识。于是，面对"CUSPEA 项目"选拔学生的统一试题，物理学专业的学生占据绝对优势。1982 年 CUSPEA 项目在北大的录取情况显示，在当年被录取的 40 人中，物理学专业占了 32 人，技术物理专业 6 人，地球物理学和无线电电子学专业则分别只录取了 1 人[32]。这种因基础课要求不同导致的入选学生分配不均衡引起了当时技术物理、地球物理、无线电电子学专业学生对培养制度的不满，三个专业纷纷要求加强物理类基础课以增加本专业出国选拔考试通过的机率，这给了校方极大的冲击。学校开始反思：同一类专业，是否应该如此细分培养目标？是否有必要加强同一类专业的共同基础课，统一要求？

4.1.2.2 新任领导者的经验

1984-1989 年间，丁石孙任北京大学校长[33]。1986 年起，王义遒开始担任

---

29 来源于访谈者 A-2，访谈时间：2018-07-23。

30 教外字 325 号，《关于推荐学生参加赴美研究生考试的通知》（1980）[Z]，北京大学档案馆馆藏，档号：30380001(13)。

31 杜勤、睢行严，《北京大学学制沿革 1949-1998》[M]，北京：北京大学出版社，2000 年，第 156 页。

32 《CUSPEA 1982 年考试推荐统计》（1982）[Z]，北京大学档案馆馆藏.档号：30382009。

33 丁石孙，1948 年由上海大同大学转入清华大学数学系学习，1950 年留校任教，1952 年调入北京大学数学力学系工作。在数学系主任任上，被派往美国学习，1984 年 3 月回国后便被任命为北京大学校长。

北京大学教务长[34]。这二位将其个人成长、工作过程中的经验、国外留学过程中的感受带到了北京大学本科人才培养的改革当中。

（1）打好宽厚基础

1948 年 8 月，丁石孙转学到清华大学。丁石孙回忆，"当时清华选课很随便，学校对学生选课只有两点限制，一个是总学分要达到多少，再一个是专业课学分要达到多少。所选的课中，有几门是必念的，包括中国通史、社会科学类的经济或政治要选一门。"[35]根据自身的经历，丁石孙认为，本科生打好坚实宽厚的基础最为重要，其他课程不必做过多限制。

丁石孙的得力助手，时任北京大学教务长的王义遒也持同样的观点。王义遒在回忆录中说："（北京大学）地质系作为一个规模较小的系，为地质学界培养了近 50 名学部委员。我跟王鸿祯、董申保等前辈地质学家聊天，知道当年李四光、孙云铸等人办北大地质系，学生的数学课在数学系上，物理课在物理系上，化学系在化学系上，还在生物系听课做实验。因而数理化生等课程基础扎实，而对地质规律的认识和研究是要建立在这些学科基础之上的，所以他们做起工作来反而能得心应手，思路开阔，心灵手巧。他们说，那时候真正属于地质的专业课上得不多，就四五门。而当时（20 世纪 80 年代）我们地质系的专业课就有 30 多门，从这些比较中我领悟到给学生打下宽厚、扎实的基础的重要性"[36]。所谓扎实的基础，王义遒认为，还是高教六十条中所说的"基本知识、基础理论和基本技能"，对理科学生来说，数理化是"三基"，对文科学生来说，文史哲是"三基"。

（2）启发自学能力

由于解放前后政治活动很多，无论在上海大同大学，还是在清华大学，丁石孙差不多没有什么课程是从头到尾全都学了的，往往学期还没有结束，还没有复习考试就停课了。一些学完的课也存在听不懂的情况。丁时孙回忆说："当时段先生（段学复，曾任清华大学数学系系主任，52 年院系调整后调

34 王义遒，1954 年毕业于北京大学物理系，1961 年研究生毕业于苏联列宁格勒大学（今圣彼得堡大学）物理系。20 世纪 80 年代中期开始担任北京大学行政管理工作，先后担任教务长、副校长和常务副校长（分管本科教学工作）。

35 丁石孙口述，袁向东、郭金海访问整理，《有话可说——丁石孙访谈录》[M]，长沙：湖南教育出版社，2013 年，第 41 页。

36 王义遒，《行行重行行——王义遒口述史》[M]，武汉：华中科技大学出版社，2018年，第 133 页。

任北京大学数学系系主任）没有把伽罗瓦理论的实质讲清楚。学完这门课（伽罗瓦理论课），我对伽罗瓦群的具体例子一个都不知道，过了很多年，我通过自学才把伽罗瓦里理论弄懂。"[37]华罗庚"讲课经常会讲不下去。遇到这种情况，他就会说我证不出来了，你们证一证。"[38]由于课上并未全部掌握，丁石孙认为后来自己教的课都是他边教边学自己学来的，而不是老师交给他的，而这种自学对自己是很好的锻炼。1982 年 11 月丁石孙赴美国哈佛大学进修学习。通过听课，他发现，"美国人讲课也不细致。比如讲证明，不详细讲，只讲大意。"这和丁石孙的个人经历十分契合，他认可这种讲课方式，认为"这种讲课方法很不错，启发学生自学能力，对学生是一个很好的培养[39]。"

这一点也得到了王义遒的认同。王义遒回忆说："（20 世纪）80 年代北大化学系 1963 级毕业聚会上，大家公认学得最好，记得最牢的课程是黄子卿先生的物理化学。黄先生是大牌化学家，中科院首届学部委员。我问：黄先生的课好在哪里？他们哈哈一笑：我们从来没有听懂过他的课！我大吃一惊，那为什么说好呢？他们说：学化学的不懂物理化学等于白学了。他讲课题目明晰，但条理不太清楚，再加上口音，课堂上总听不太懂。他有一本讲义写得很好，不懂的地方我们课后反复钻研，还相互讨论，结果理解的就很深刻。由此，我觉得知识要通过学生自己钻研，反刍消化，才能为自己所掌握。如果教师上课讲的头头是道，天衣无缝，学生全懂，没有问题，不需深入思索了，这样的课对北大好学的学生来说是不合适的。"[40]

丁石孙和王义遒的上述认识和与蔡元培"我们教书，并不像是注入水瓶一样，注满了就算完事。最要是引起学生读书的兴味。做教员的，不可一句句，一字字的，都讲给学生听，最好使学生自己去研究。"[41]的思想是一致的，也与潘光旦对于教育要注重学生"自发的积累"的认识相一致。潘光

37 丁石孙口述，袁向东、郭金海访问整理，《有话可说——丁石孙访谈录》[M]，长沙：湖南教育出版社，2013 年，第 46 页。

38 丁石孙口述，袁向东、郭金海访问整理，《有话可说——丁石孙访谈录》[M]，长沙：湖南教育出版社，2013 年，第 48 页。

39 丁石孙口述，袁向东、郭金海访问整理，《有话可说——丁石孙访谈录》[M]，长沙：湖南教育出版社，2013 年，第 180 页。

40 王义遒，《行行重行行——王义遒口述史》[M]，武汉：华中科技大学出版社，2018 年，第 135 页。

41 蔡元培，《蔡元培教育文选》[M]，北京：人民教育出版社，1980 年，第 116 页。

且在《教育的更张》一文中曾指出[42]：教师的好坏，不系于口齿的利钝，教材的多寡，而系于此种（激发）能力的大小，激发能力小的教师最多只能教他学习，学习些现成的东西，大的却更能教他思考……深思的结果，对事理能有些新意义的发现，新结合完成，便是他的"自得"了。可以说，启发兴趣从而使得学生"自求自得"是"大学教育"与"职业训练"的本质区别之一。

（3）尊重自由选择

如果想让学生成为一个真正的人，那么在某些时候就应当容许他根据自己的情况来选择自己的学习方式[43]。在清华就读期间，丁石孙有极大的选课自由，他回忆说"我把录取通知书交给段先生，他让我从各系贴在体育馆墙上的课表中选课，并把我想上的课记下来。……过了两天，我把选好的课告诉他，请他看看选的课是否合适就行了。"丁石孙根据自己兴趣选修的社会学、逻辑学、法文等课程对他后续的发展都产生了积极的影响。任北大校长之后，丁石孙结合自身经历提出："北大精神最核心的东西是尊重人，尊重人的个性，尊重人的自由发展，其他方面都由此生发出来。一个人的成长可以有不同的道路。有的人喜欢钻研一些问题，不喜欢广泛地吸纳；有的人却喜欢东看一点，西看一点，博采众长；学习过程中有的人领悟得快一点，有的人领悟得慢一点。但很难说，哪一种人将来会取得更大的成就。教育的关键在于引导，而不能规定。如同工厂生产产品一样，学校也是大规模生产，但学校输出的是人，因此不要管得特别死，要有较大的活动余地。这是培养人才和繁荣学术非常重要的条件。"[44]

4.1.2.3　一系列毕业生调查的结论

为了更稳妥地展开改革，北大和国家教委高教司一起，分文科、理科开展了三次大规模的毕业生调查（1988-1990年间），涉及京、津、沪、广、西安及附近地区。这些调查的结果给了北大人才培养改革更为切实的启发。

三次调查的对象是1981年之后毕业的学生，调查单位包括高校、科研院

---

42 潘光旦，〈论教育的更张〉[J]，《新路》，1948年第1卷第10期。

43 [德]弗里德里希·包尔生著，《德国大学与大学学习》[M]，北京：人民教育出版社，2018年，第293页。

44 王义道，《行行重行行——王义道口述史》[M]，武汉：华中科技大学出版社，2018年，第294页。

所、机关、厂矿、公司等各类部门[45]。调查结果表明：

（1）越来越多的毕业生进入工矿企业工作，工作转移率高，但适应性强

据国家教委高教司统计[46]，委属综合大学从 77 级到 81 级五届（81-85 年毕业）理科毕业生考取研究生和到科研机构及高校工作的比例平均高达 75%，此后，这个比例逐渐下降（84-86 年毕业的每年下降 5%），到厂矿企业工作的理科毕业生人数则有所增长。北京大学的情况也很类似，北大越来越多的毕业生流入工矿企业工作（如下图 4-1 所示[47]）。从 1989 年北大理科毕业生去向看，已经有 24.9% 的毕业生选择去工矿企业工作，远远高于选择科研部门和高校的 15.9% 和 6.4%（见表 4-3），且工作转移率高（1988 年调查显示，1984 年北京理科生到 1988 年不再从事原专业的专业转移率达到 31.37%[48]）。不过，根据 1990 年对广东等五省和北京地区北大毕业生工作适应性的调查，由于北大毕业生基础理论扎实、雄厚，普遍能很好地适应工作，因此工作不适应率均远远低于不对口率[49]。

之所以出现基础学科人才大量流入工矿企业的情况，主要有两个原因。首先，随着计划经济向市场经济体制的转向，1985 年国家发布《中共中央关于科学技术体制改革的决定》，指出整个科技体制和科技工作要"面向经济建设主战场"[50]。于是科研院所全面转向应用研究，对基础研究科研人员的需求量大幅压缩。1988 年，全国科技人员 850 万人，搞科研的 36 万，其中从事基础研究的只有 2 万人。中科院系统 5 万科技人员中从事基础理论研究的只有 6 千人，且这个数字还被计划进一步压缩到 2 千人[51]。此外，随着三级学位制

45 《北京大学毕业生分配使用情况调查报告》（1990）[Z]，北京大学档案馆馆藏，档号：3031990037。

46 《国家教委高教二司理科处：对综合大学理科（本科）七七级至八二级毕业生去向的调查报告》（1987）[Z]，北京大学档案馆馆藏，档号：3031987031。

47 王义道，〈理科毕业生到工矿企业后管理部门工作大有可为〉[J]，《中国高等教育》，1989 年第 4 期。

48 《北京大学毕业生分配使用情况调查报告》（1990）[Z]，北京大学档案馆馆藏，档号：3031990037。

49 《北京大学毕业生分配使用情况调查报告》（1990）[Z]，北京大学档案馆馆藏，档号：3031990037。

50 王义道，《行行重行行——王义道口述史》[M]，武汉：华中科技大学出版社，2019 年，第 42 页。

51 《北京地区理科人才需求动向调查》（1988）[Z]，北京大学档案馆馆藏，档号：30488035(1)。

度的建立，研究生培养制度逐步完善，大量的科研单位和高校即使吸收基础学科人才，也主要吸纳研究生以上学历的高层次人才，这在北京大学对中科院人事局、农科院的访谈中可以得到印证。如中科院相关负责人介绍说：现在急需的是拔尖人才，物理所对一般的博士都不愿要，而要拔尖的年轻人。对本科生，即使要，也是用在二线上。以前中科院每年进 800 多人，理科占 75%-80%。近几年需要理科毕业生减少，88 年只占 50%，而且主要是研究生。[52] 上述两点给理科本科毕业生进入科研单位设置了障碍，在这种形势下，大学理科毕业生被迫大量进入实际工作单位工作。

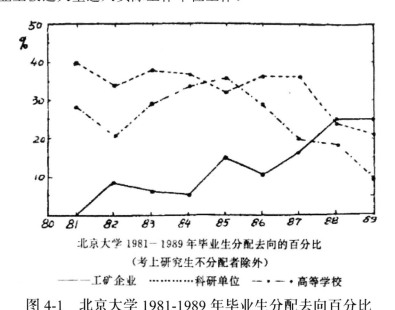

北京大学 1981－1989 年毕业生分配去向的百分比

（考上研究生不分配者除外）

———工矿企业　………科研单位　—·—·高等学校

图 4-1　北京大学 1981-1989 年毕业生分配去向百分比

表 4-4　1989 年北京大学理科本科毕业生去向调查表[53]

专业名称	学制	毕业总数	毕业去向						
			考取研究生	科研部门	高等学校	中等学校	工矿企事业单位	党政管理部门	其他
心理学系	4	25	7	0	1	0	8	2	7
地貌学与第四纪地质	4	13	2	1	3	0	1	0	6

52 《北京地区理科人才需求动向调查》（1988）[Z]，北京大学档案馆馆藏，档号：30488035(1)。

53 《理科本科毕业生去向调查表》（1990）[Z]，北京大学档案馆馆藏，档号：30490001。

专业名称	学制	毕业总数	毕业去向						
			考取研究生	科研部门	高等学校	中等学校	工矿企事业单位	党政管理部门	其他
自然地理	4	24	4	4	0	1	10	1	4
经济地理	4	32	4	3	3	0	10	2	10
古生物及地层学	4	16	4	4	0	0	3	1	4
地震地质学	4	19	4	3	0	0	11	0	1
构造地质及地质力学	4	29	8	4	0	0	9	0	8
岩矿及地球化学	4	28	11	4	0	0	5	1	7
环境生物学及生态学	4	15	5	0	0	0	4	0	6
植物学	4	11	3	2	0	0	4	0	2
植物生理学及植物生化	4	23	10	2	1	0	6	0	4
细胞生物学及遗传学	4	26	7	5	1	0	5	0	8
生物学及生物物理学	4	18	6	1	1	1	5	0	4
生物化学	4	44	15	7	2	0	9	0	11
物理化学	4	50	7	10	3	0	13	0	17
高分子化学	4	24	5	5	1	0	6	0	7
有机化学	4	30	5	6	2	0	9	0	8
分析化学	4	30	7	5	2	0	13	0	3
无机化学	4	19	3	3	0	0	10	0	3
微电子学	4	34	3	2	1	0	24	0	4
计算机软件	4	81	27	20	3	0	16	3	12
无线电	4	69	24	16	7	0	16	0	6
应用化学	4	60	27	12	3	0	15	0	3
原子核物理	4	40	10	11	2	0	8	2	7

专业名称	学制	毕业总数	毕业去向						
			考取研究生	科研部门	高等学校	中等学校	工矿企事业单位	党政管理部门	其他
天体物理	4	8	4	2	0	0	0	0	2
空间物理	4	9	4	1	0	0	1	2	1
气象学	4	28	10	4	1	0	6	3	4
大气物理	4	19	7	3	1	0	7	0	1
地球物理	4	17	8	3	0	0	4	1	1
物理	4	122	30	15	14	0	16	5	42
工程科学	4	13	6	4	2	0	1	0	0
力学	4	45	16	4	6	0	7	1	10
概率统计	4	26	10	0	4	0	5	0	7
应用数学	4	31	12	5	1	0	5	0	8
计算数学	4	30	5	6	3	0	8	1	7
数学	4	28	10	3	3	1	3	0	8
合计	/	1136	330	181	72	3	283	25	242
所占比例	/	100%	29%	15.9%	6.4%	忽略不计	24.9%	2.3%	21.5%

注：其他包含自费、公派出国，二次分配等

（2）企事业单位主观上不愿意接受基础理科专业毕业生

同大量基础理科毕业生被迫进入企事业单位工作形成鲜明对比的是，企事业单位并不愿意接受理科学生。这是因为：一方面，实际工作单位对理科人才的特点不理解，不会使用，认为相比之下还是工科学生上手快；另一方面，由于我国多数企业生产水平较低，产品长期固定，设备陈旧，工艺技术落后，更新缺乏动力，对理科学生也没有迫切的需要[54]。此外，许多理科学生没有去实际工作单位的思想准备和技能准备，这导致他们在进入实际单位之后，"眼高手低，不会干具体事务，实践锻炼不够"、"思想教育差，劳动观点、群众观点都较差"、"工作责任心、事业心大不如五六十年代大学生"、"70%以

---

54 王义道，〈理科毕业生到工矿企业或管理部门工作大有可为〉[J]，《高等教育论坛》，1990 年第 3 期。

上不安心工作，想出国"、"个别北大来的，在思想上认为是大材小用，对做实际工作思想准备不足，动手能力、设计能力较差"[55]（从企事业单位领导和技术骨干对北大毕业生的评价表 4-4 中可以看到，单位对北大毕业生的基本理论和基本知识掌握情况较为满意，但是对制图、计算机等实际技能表示不满，对表达能力等方面也存在意见。这和北大毕业生自我认知（表 4-5）趋同，这也导致企事业单位不愿意接受理科毕业生。

表 4-5 对理科毕业生的评价（由领导及技术骨干填写）[56]

项　目		填表情况							对理科教学改革的要求和希望
		填表数	强		一般		弱		
			人数	比例	人数	比例	人数	比例	
基本理论与基本知识	数理基础	87	38	43.70%	44	50.60%	5	5.70%	1. 基础教学不能松，扩宽知识面，专业不要划分过细； 2. 加强基本技能，注意实验、动手能力的培养； 3. 注意培养学生组织管理能力，运用所学知识分析解决问题的能力、自学能力，并加强文字表达能力的培养、训练； 4. 加强思想品德艰苦奋斗、吃苦耐劳教育； 5. 加强计算机运用能力，提高外语水平。
	专业基础	87	56	64.40%	31	35.60%	0	0.00%	
	专门知识	87	38	43.70%	39	44.80%	10	11.50%	
基本技能	计算技能	87	35	40.20%	40	46%	6	6.80%	
	实验技能	87	33	37.90%	36	41.40%	13	14.90%	
	制图技能	87	6	6.90%	38	43.70%	30	34.50%	
	计算机应用技能	87	13	14.90%	28	32.20%	36	41.40%	
基本能力	自我获取知识的能力	87	55	63.20%	28	32.20%	1	1.10%	
	分析解决问题的能力	87	45	51.70%	34	39.10%	8	9.20%	
	文字表达能力	87	24	27.60%	51	58.60%	12	13.80%	
	科研能力	87	35	40.20%	44	50.60%	6	6.90%	
	组织管理能力	87	14	16.10%	47	54%	24	27.80%	

55 《理科人才需求调查材料》（一市经委、科技研究院、四通、东风、电子十二所等）（1988）[Z]，北京大学档案馆馆藏，档号：30488035(7)。

56 《北京地区理科人才需求动向调查》（1988）[Z]，北京大学档案馆馆藏，档号：30488035(1)。

表 4-6　理科毕业生调查汇总表（由毕业生本人填写）[57]

调查组名称	北京大学			调查单位类别	北京地区		汇总表数	372
现在从事的工作性质	科研：基础研究 110 人占 29.6%，应用研究 133 人占 35.6%，技术开发 31 人占 8.3%							
	教学：44 人 11.8%，生产技术：8 人占 2.2%							
	管理：科技管理 41 人占 11%，经济管理 2 人占 0.5%，党政管理 3 人占 0.8%							
专业是否对口	对口：170 人占 52.3%，基本对口 143 人占 44%，不对口 12 人占 3.7%							
工作适应性	适应：214 人占 66%，基本适应 109 人占 33.6%，不适应 1 人占 0.3%							

对学校设置的课程和某些教学环节安排的评价	课程或教学环节	恰当	不足	过多	课程或教学环节	恰当	不足	过多
	必修课	178 人占 66.7%	14 人占 5.2%	75 人占 2.81%	计算机知识及训练	36 人占 14%	222 人占 86%	0 人占 0%
	选修课	64 人占 25.6%	183 人占 73.2%	3 人占 1.2%	实验训练	118 人占 46.1%	136 人占 53.1%	2 人占 0.7%
	数理基础	210 人占 79.2%	44 人占 16.6%	21 人占 4.2%	应用性知识及训练	46 人占 19.3%	189 人占 79.4%	3 人占 1.3%
	专业基础	194 人占 73.2%	57 人占 21.5%	14 人占 5.3%	生产实习时间	57 人占 29.4%	126 人占 64.9%	11 人占 5.7%
	专门知识	97 人占 40.2%	126 人占 52.3%	18 人占 7.5%	毕业论文时间	157 人占 65.1%	72 人占 29%	12 人占 5.9%
	外语课	81 人占 29.1%	196 人占 70.5%	1 人占 0.4%	科学技术讲座	57 人占 24.2%	178 人占 75.8%	0 人占 0%

对学校在几种基本能力方面训练的评价	名称	强	一般	弱	对教学改革的主要建议			
	自我获取知识的能力	181 人占 58%	127 人占 40.7%	4 人占 1.3%	1. 基础教学不能松，扩宽知识面，专业不要划分过细； 2. 加强基本技能，注意实验、动手能力的培养； 3. 注意培养学生组织管理能力，运用所学知识分析解决问题的能力、自学能力，并加强文字表达能力的培养、训练； 4. 加强思想品德艰苦奋斗、吃苦耐劳教育； 5. 加强计算机运用能力，提高外语水平。			
	分析解决问题的能力	173 人占 53.9%	148 人占 44.8%	4 人占 1.2%				
	文字表达能力	87 人占 28.5%	198 人占 64.8%	20 人占 6.6%				
	科研能力	140 人占 47.3%	139 人占 47%	17 人占 5.7%				
	组织管理能力	49 人占 18.4%	144 人占 53.9%	74 人占 27.7%				

---

57 《北京地区理科人才需求动向调查》（1988）[Z]，北京大学档案馆馆藏，档号：30488035(1)。

（3）少数专业口径过窄限制了学生的发展

在北大当时 78 个本科专业中，有些专业如国际共产主义运动专业由于口径过窄，使用单位难以对口录用，分到北京人事局进行二次分配，结果用人单位仍认为很难安排，导致学生一直未能进入具体单位工作，从而限制了学生的发展[58]。

这一系列调查结果暴露的北京大学文理基础学科本科人才培养中的许多问题，给北大具体的教学改革提供了直接的启示，这包括：重视宽厚基础的塑造是学生能应付不断变化的工作的必须；增加接口技术和技能的训练能帮助学生适应实际工作；提前进行实习实践能塑造学生吃苦耐劳、尊重劳动的品性等。

4.2 人才培养原则的确立

4.2.1 十六字方针的提出

4.2.1.1 加强基础，增强适应性

1985 年，面对北京大学本科人才培养遇到的外部冲击，丁石孙校长在上述本科人才培养的反思下提出了"加强基础，适当扩展知识面，注重培养实际工作能力和创造精神，增强适应性"的全新人才培养指导原则[59]。这一原则包含两重意涵，一是通过"加强宽厚的基础"塑造学生具备专家的基础和素质，以便通过自学和工作实践逐渐成为专家和各种优秀人才[60]；二是培养学生身上较强的适应性，从而不为狭隘的专业训练束缚住发展。这两种意涵是并列的。这种并列关系意味着，无论基础学科专业还是应用学科专业都要具备"从事教学、科研"的长远潜力和"从事实际工作"的近期本领。这和 20 世纪 80 年代初期针对基础学科专业培养专家的毛坯，针对应用学科培养实际工作者的做法相比，有了本质的差别。

---

58 《北京大学毕业生分配使用情况调查报告》（1990）[Z]，北京大学档案馆馆藏，档号：3031990037。

59 杜勤、睢行严，《北京大学学制沿革 1949-1998》[M]，北京：北京大学出版社，2000 年，第 198 页。

60 王义道，《探索新型综合大学——王义道教育文选》[M]，武汉：华中科技大学出版社，2018 年，第 3 页。

根据上述理念，北京大学在 1986 年版本科教学计划中着重贯彻了如下几点认识[61]：

（1）必须重视基础课教学，着力于基础知识的传授，保证必要的基础理论、知识和技能以及工具课的教学时数，打好扎实的基础。特别需要注意的是，这里的基础理论、基础知识和基本技能指向的是"**本学科的基础**"，它相对于恢复高考之后几年里仅仅重视"**本专业的基础**"的做法已经是大大的进步。

（2）基础课所占比例不应过大，必须保证必要的选修课，包括理论性、实用性、实验技术性等多种类型的专业课程。学生可根据自身特点和兴趣进行选择，这有利于学生适应不同专业的工作方向。

（3）为了扩大学生知识面，为学生长远发展做出准备，必须增设一些拓宽知识面的介绍学科动向和文理互选的课程。

（4）必须重视各种实践环节的安排以培养实际工作能力。

4.2.1.2 加强基础，淡化专业，因材施教，分流培养

随着 1987 年十三大正式出现了市场经济的提法，教育部通过《关于加强普通高等学校本科教育工作的意见》进一步明确了高等教育人才培养的定位[62]：

> 高等学校总的培养目标是使受教育者在德智体等方面都得到全面的发展，成为符合社会主义建设实际需要的高级专门人才。……（要）进一步提高对本科教育在高等教育中地位和作用的认识。……由于本科毕业生的大多数将直接到社会主义建设第一线从事各种实际工作，是未来高级专门人才的基本来源，而且本科教育是研究生教育和继续教育的基础，所以本科教育作为高等教育的重要组成部分，是一个基本的、独立的层次和培养阶段，它的教育质量在一定意义上是我国高等教育质量如何的标杆，直接关系到我国社会主义建设事业的发展。
>
> 根据全面发展，面向实际的要求和本科教育在高等教育中的地

61　《北京大学教学计划与课程目录》（1986）[Z]，北京大学档案馆馆藏，档号：3031986025。

62　《国家教委关于加强普通高等学校本科教育工作的意见》（1987）[Z]，北京大学档案馆馆藏，档号：30487022(1)。

位和作用，我国文科教育必须坚持以马克思主义为指导，培养社会主义现代化建设实际需要的理论工作、文化建设、法制建设和经济行政管理人才。理科教育担负着培养理论研究人员和实际工作者两方面的任务。自然科学的基础理论研究工作应该有良好的理论储备，理科应重视和加强理论研究和教学人员的培养，同时，从国民经济当前和今后一段时间的需要来看，还要注意理科应用，把重点放到培养社会需要的，从事某些领域实际工作的人才上。

应当说，十三大关于市场经济的提法以及国家教委对本科教育及其所承担任务的定位给了北京大学进一步的冲击。如何一方面培养具有真本事的毕业生，一方面培养人才市场上的抢手货，成了北京大学急需进一步思考与解决的问题。在对南京大学、复旦大学进行调研、听取北大各个院系关于教学问题的汇报，以及对美国、加拿大两国的考察之后，时任学校教务长的王义遒于 1988 年 2 月初北京大学党委常委扩大会上首次提出了北大本科人才培养"加强基础，淡化专业，因材施教，分流培养"的十六字方针。十六字方针进一步发展了丁石孙校长"加强基础，适当扩展知识面，注意培养实际工作能力和创新精神，增强适应性"的原则，成为相当长一段时间内指导北京大学本科人才培养的重要原则。可以说，上述两种理念在核心要义上有共通之处，即都强调"人才培养既要有宽厚的基础和后劲，又要有近期见效的实际本领"[63]。

4.2.2 十六字方针的内涵

十六字方针提出了具体的实施路径，即低年级（一、二年级）要按照相近专业或系进行宽口径的基础训练，保证基本素质训练，造就后劲的根基。多数系实行按系招生，不分专业。然后，高年级分流选学不同方向课程，以灵活适应变化的社会需要[64]。

4.2.2.1 加强基础与分流培养

在丁石孙校长前期"加强基础，适当扩展知识面，注意培养实际工作能力和创新精神，增强适应性"原则的基础上，十六字方针中"加强基础，分流

---

63 杜勤、睢行严，《北京大学学制沿革 1949-1998》[M]，北京：北京大学出版社，2000 年，第 220 页。

64 《北京大学教学计划》（1990）[Z]，北京大学档案馆馆藏，档号：3031990023。

培养"的设想在当时得到了大部分教师的认同。大家认为：[65]一方面，虽然国家目前的确并不需要大量从事基础学科研究和教学的人员，但从国家长远发展看，基础学科很重要，北大必须将它的教学和研究搞好，绝不能降低质量。即使是基础学科专业中将来从事实际应用工作的人才，也必须打好基础，具有很强的自主学习与独立获取知识的能力，这样学生的适应性才能强，不管将来科技与社会如何迅猛发展，他们都可以灵活应对。另一方面，在重视基础的同时，我们也要根据国家需要和个人情况允许学生选择不同的发展道路。这就好比开菜单，基本的是吃饱、维持热量与营养，然后适合不同口味加各种佐料和配菜。

分流培养是按照个人学习状况和工作去向决定的，其中一类学生准备从事科学研究和高校教学，他们之中绝大多数人将成为研究生继续深造；另一类学生则要准备毕业后直接参加各种实际工作。在宽口径的专业设置下，上述两类人还可在第一轮分流的基础上进一步按较窄的专业方向分流。这样对前一类学生，主要是在理论上进一步普遍深造，然后选择一二专门方向补充些知识和技能；对后一类学生，则除了要学习某一个具体专门方向的理论知识和实验方法外，还要较多地补充若干应用型、技术性的实际知识和技能训练，从而学到一些参加实际工作的入门和接口技术，毕业后能较快投入工作（详见图 4-2）。

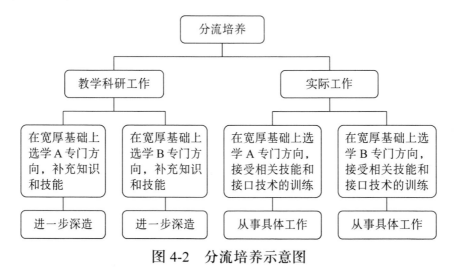

图 4-2　分流培养示意图

65 王义遒，《行行重行行——王义遒口述史》[M]，武汉：华中科技大学出版社，2019年，第 127 页。

这种分流不是绝对的。分到前一类的，经过研究生阶段的培养训练后还可能到实际工作岗位去从事技术开发工作，而后一类学生还可转到工程技术和管理学科甚至人文社会科学学科去当研究生。这对于发展新技术、高技术和新兴的边缘学科和交叉学科十分有利[66]。根据设想，分流培养和加强基础作为两个不同的教学阶段，可相互穿插[67]。

4.2.2.2 淡化专业

十六字方针中还有一个非常重要的理念"淡化专业"，即要放弃计划经济时代将专业作为人才培养的基点，一切以专业是从的做法，转而帮学生夯实基础，拓宽视野，获得独立的自主学习、获取知识和自我发展的能力[68]。很长一段时间内，我国高等本科教育担负着培养高级专门人才的重任，必须要强调专门的训练。而随着本科教育定位与任务的变化，作为高等教育初级阶段的本科教育没有能力、也没有必要承担培养高级专门人才的重任了。因此，本科阶段的学习必须要淡化专业，转而强调通过学习具体学科的知识和技能帮助学生掌握学习方法，培养自己独立获取知识的能力，以适应进一步深造或走上具体工作岗位的需要。可以说，这样的大学本科教育更加具有了通才教育的性质[69]。不难发现，相比1981年通专大讨论中强调的旨在纠偏过于狭窄的专业教育的"通"，新时期的"通"则是要培养学生在扎实掌握学科学习方法和路径的基础上，具备自主学习和知识迁移的能力。

然而，相比"加强基础，分流培养"理念的顺利推广，"淡化专业"的全新提法及其背后"本科教育仅仅是高等教育中的初级阶段"、"本科教育具备通才教育性质"的理念却遭到了许多老师的抵制。虽然十六字方针的提出者，时任北京大学教务长、副校长的王义遒一再强调淡化专业"并不是不要专业，淡化的前提是存在专业，大学还是要培养专门人才，没有各种专业无所不通的人"，只是我们"不能将专业看的过于狭窄、死板，高于一切，不能让专业之间壁垒森严，不可逾越"[70]，况且，淡化专业并不是一刀切，分流培养的"度

---

66 王义遒，《关于高等理科教育改革的几点看法》[N]，《中国教育报》，1990-08-28。

67 王义遒，《关于学科建设讨论的总结报告（摘要）》[N]，《北京大学校刊》，1992-09-10。

68 王义遒，《行行重行行——王义遒口述史》[M]，武汉：华中科技大学出版社，2019年，第129页。

69 王义遒，《关于高等理科教育改革的几点看法》[N]，《中国教育报》，1990-08-28。

70 王义遒，《行行重行行——王义遒口述史》[M]，武汉：华中科技大学出版社，2019

"在不同的专业也有所不同，会区别对待（对于物理、哲学、中文这些本来学科面较广的专业，可以淡化得厉害一点，但是对于语言类或其他一些二级、三级学科的专业，专业本身的面就较窄，就不能淡化得太厉害。[71]），但是，大家仍然不接受"淡化专业"的提法，坚持认为，专业界限可以"淡化"，专业本身不能淡化。如中文系有老师指出："我们中文系全国有名，就是专业教学搞得好，专业淡化了，我们靠什么啊？"[72]还有老师认为："大学必须先搞好专业教育才算有水平。"[73]

虽然十六字方针在短期内未能得到完全的认同，但是在理念层面，十六字方针已经在 1990 年修订的本科教学计划中得到了全面的体现[74]。在十六字方针指导下，1990 年版教学计划中新的本科人才培养要求发生了如下变化：

淡化了"专门人才"的提法。国家这一时期通过的《普通高等学校理科本科基本专业目录及简介》、《普通高等学校理科本科基本专业目录实施办法》给出的大学本科培养目标及要求"模板"仍强调要培养"从事科研教学工作

年，第 129 页。

71　来源于访谈者 A-1，访谈时间：2018-06-10。

72　《教学研讨会文科组讨论纪录》（1988）[Z]，北京大学档案馆馆藏，档号：30588025(2)。

73　《教学研讨会文科组讨论纪录》（1988）[Z]，北京大学档案馆馆藏，档号：30588025(2)。

74　注：以物理专业和财务学专业为例，展示 1990 年教学计划中基础学科专业和应用学科专业不同的培养规格要求。

物理专业：具有坚实的数学基础知识，系统、扎实地掌握物理学的基本理论、基本知识、基本实验方法和技能。具有基础扎实、适应性强的特点和自学新知识、新技术的能力；掌握从事实验工作、技术工作所必须的技术基础，包括电子技术和计算机方面的基本知识；掌握一定专业方向的专门理论、知识和技能，受到基础研究或应用研究的初步训练；对物理学的新发展、近代物理学在高技术和生产中的应用以及与物理学密切相关的交叉学科和新技术的发展有所了解；有在物理及与物理有关的各个学科领域和交叉学科领域从事科学研究、应用研究、教学、新技术发展以及生产技术和管理方面工作的能力。

财务学专业：具有较坚实的经济学、管理学和数理方面的基础知识，系统掌握财务管理所必需的财务、会计、审计、统计、金融等专门的理论、方法和技能；受到良好的计算机应用的训练；具有科学思维和应用研究的基本素质；对我国经济及财务会计领域的学术发展有所了解；有向相邻学科发展的必要基础；有从事财务会计工作与管理所必须的现代财务会计和审计的综合能力、涉外理财能力、分析和解决实际问题的能力。

的高级科学技术人才"[75]，而北大在十六字方针指导下，已经开始在培养方案里弱化专门人才的提法，更加强调扎实宽厚的学科基础。这种淡化在当时的高等教育领域可以说是十分大胆的创新之举。当然，在实践层面，淡化专业的理念贯彻遭遇到了很大的阻力，这是后话。

淡化了对于本科人才毕业去向的具体描述。在十六字方针指导下，新的培养要求不再明确说明毕业生的工作去向，只提出学生的培养规格，即学生在政治、业务、体格等方面应达到的起码要求。把培养目标和工作去向分开，有利于学生做好从事多种多样工作的思想准备，而不像过去那样只看重科学研究和教学工作；也有利于用人单位根据自己的实际需要来选择不同专业的学生，不像过去只按专业标签要人[76]。

4.3 适应市场，调整专业

1985 年底，丁石孙校长在国家教委举办的高等学校教学改革研讨班上说：北京大学是一所综合大学，尽管现在已经到了八十年代，但是，依然没有摆脱五十年代从苏联学来的综合大学的格局。大家清楚，1952 年院系调整后，当时综合大学是以文理科的基础学科为主体的学校（农、医、工全部分了出去），简言之，就是理科为数理化生地，文科为文史哲加经济、政治，法律是后来发展起来的。直到文化大革命之前的十几年，虽然也发生过一些变化，增加了一些学科，但总体看，主体没有变。我们感觉这种学科设置的模式是有问题的。[77]这段话反映了丁石孙校长对北京大学学科布局片面偏向文理科基础学科的不满。根据"加强基础，适当扩展知识面，注意培养实际工作能力和创新精神，增强适应性"的原则设想，北京大学于 1985 年再次向教育部提交申请要求增设如下应用型专业[78]：

---

75 （87）教高二字 023 号，《关于发布《普通高等学校理科本科基本专业目录及简介》、《普通高等学校理科本科基本专业目录实施办法》及做好综合大学理科本科专业整理工作的通知及附件一二三四实施办法》（1987）[Z]，北京大学档案馆馆藏，档号：30487020(2)。

76 王义道，《关于高等理科教育改革的几点看法》[N]，《中国教育报》，1990-08-28。

77 丁石孙，《教学改革的一些想法和做法》[A]，中央教育行政学院编，《高等学校教学改革探讨（下册）》[M]，1986 年，第1-2 页。

78 《北京大学关于调整部分专业设置的报告》（1985）[Z]，北京大学档案馆馆藏，档号：30485015(4)。

1. **企业管理专业：** 培养既具有坚实经济理论和应用数学基础知识，又掌握系统的微观和宏观管理理论和方法的专门人才，学生毕业后，多数可以从事现代化大中型企业的经济管理工作，少数可以从事企业管理的教学和研究工作。

2. **工程科学专业：** 培养具有坚实的数学、物理、力学基础和较广阔的现代工程科学知识的专门人才，毕业后可从事新技术、交叉技术、综合性工程技术的研究、开发工作，可以在中央或地方的科技及工业管理部门，大型厂矿及工程项目的管理与设计部门参加大型、综合性工程项目的可行性研究及总体设计工作，或科技规划政策研究与管理工作，可以成为管理工程师和技术领导的后备人员，还可以成为高等学校工程科学方面的教学与研究人员。

3. **微生物工程专业：** 培养从事微生物工程的基础理论研究和实际工作人才。

虽然由于种种原因，除了企业管理专业之外，另外两个专业最终没有获得教育部的批准，但从这三个专业的定位上我们能看到北京大学主动适应市场需要的迫切要求。

十三大提出有计划的商品经济之后，北京大学在"加强基础，淡化专业，因材施教，分流培养"十六字方针指引下，进一步调整专业结构，增设应用学科、技术学科、新兴交叉学科（尤其是文理交叉学科）专业。文科方面，增设国际金融、统计学、财务学、行政管理、行政法、博物馆学、社会工作、编辑等专业。这些专业直接面向应用，甚至有一些专业是直接应国家部委需求对口增设，如博物馆学是应文化部要求增设，专业面向直接指向中央、省、地、县级历史性博物馆、文管所及有关部门[79]。理科方面，从已有基础学科专业中分离出应用数学、信息学、计算机软件、微电子学、应用化学、环境生物学及生态学等专业[80]。此外，对原专业方向不适应当前社会需要的，学校调整方向，拓宽专业口径，以提高毕业生适应就业、转移工作领域或继续深造的能力，如适当拓宽国际共运专业、城市与区域规划专业、自然地理与环境地

---

79 《考古系关于设立博物馆学专业的报告》（1988）[Z]，北京大学档案馆馆藏，档号：30588021(5)。

80 王义遒，《从北大的实践探讨教学改革中的几个问题》[A]，王义遒，《探索新型综合性大学——王义遒教育文选》[M]，武汉：华中科技大学出版社，2018 年，第2 页。

学专业的口径以增加适应性。对于仍无法满足市场需要的专业，则减少招生人数，采取隔年招生，以至停招本科生，只招研究生的办法解决[81]。1988年，北大共有29个院系，82个本科专业，其中理科13个院系共35个专业，文科12个院系28个专业，语言科4个系，19个专业（详见表4-7）。据统计，1988年理科应用学科专业的招生数已经占全部理科招生数字的39%，文科应用学科专业的招生数占全部文科招生数字的49.3%[82]。从这一轮对专业的调整我们注意到，随着高校自主权的扩大，北京大学在"面向社会，适应市场"的思路指引下，存在片面盲目地迎合市场需求，增设与用人单位需求简单挂钩，以至于按照行业、按照岗位设置特定的过于窄化的应用学科专业的倾向。

表4-7 1988年北京大学本科学系专业设置一览[83][84]

（院）系	专 业	备 注
数学	数学	/
	计算数学及其应用软件	/
	应用数学	/
	信息科学	/
概率统计	概率统计	从数学系分离出来。
力学	力学	从数学系分离出来。
物理	物理学	/
地球物理	地球物理学	/
	大气物理学与大气环境	/
	天气动力学	/
	空间物理学	/
	天文学	/

---

81 《北京大学关于深化教学改革的设想》（1988）[Z]，北京大学档案馆馆藏，档号：30488001(5)。

82 《1988年招生工作总结》（1988）[Z]，北京大学档案馆馆藏，档号：30388008(13)。

83 《北京大学理科专业目录整理汇总》（1988）[Z]，北京大学档案馆馆藏，档号：30488001(2)。

84 杜勤、睢行严，《北京大学学制沿革1949-1998》[M]，北京：北京大学出版社，2000年，第263页。

（院）系	专　　　业	备　　注
技术物理	原子核物理	/
	应用化学	/
无线电	无线电电子学	/
计算机	计算机软件	/
	计算机及应用	/
	微电子学	/
化学	化学	/
生物	植物学	/
	微生物学	/
	生理学	/
	植物生理学	/
	遗传学	/
	细胞生物学	/
	生物化学	/
	生态学与环境生态学	/
地质学	岩矿地球化学	/
	构造地质学	/
	地震地质学	/
	古生物及地层学	/
城市与环境学	经济地理学	原地理系。
	自然地理学	
	地貌学与第四纪地质学	
心理学	心理学	/
中文	中国文学	/
	汉语	/
	古典文献	/
	编辑	应新闻出版署需要设立。
历史	中国史	/
	世界史	/
考古	考古	从历史系分离出来。博物馆学专业是应文化部需要设立。
	博物馆学	

（院）系	专　业	备　注
哲学	哲学	/
	逻辑学	/
	宗教学	/
国际政治	国际政治	/
	国际共产主义运动	/
经济（学院）	经济学	1985 年由学系改为学院。
国际经济	国际经济	/
	国际金融	/
经济管理	国民经济管理	/
	企业管理	/
	财务学	/
法律	法律学	/
	经济法	/
	国际法	/
图书情报	图书馆学	/
	科技情报学	/
社会学	社会学	/
	社会工作与管理	应民政部需要设立。
政治学与行政管理	政治学	1988 年恢复（原政治系）。
	行政管理学	
东方学	蒙古语言文化	/
	朝鲜语言文化	/
	日本语言文化	/
	越南语言文化	/
	泰国语言文化	/
	缅甸语言文化	/
	印度尼西亚语言文化	/
	菲律宾语言文化	/
	印度语言文化（印地语）	/
	印度语言文化（梵文、巴利文）	/
	巴基斯坦语言文化	/
	波斯语言文化	/

（院）系	专 业	备 注
	阿拉伯语言文化	/
	希伯来语言文化	/
西方语言文学	法语语言文学	/
	德语语言文学	/
	西班牙语言文学	/
俄语	俄罗斯语言文学	/
英语	英语语言文学	/

4.4 课程体系及教学安排的变化

学分制改革之后，北京大学的本科课程被分为必修课、限制性选修课、非限制性选修课三类。1981 到 1992 年间，总学分和三类课程的比例分配发生了多次变化（如表 4-8 所示）。

表 4-8　北京大学本科学分及课程占比的变化情况

时　间	总学分	必修课 (%)	限制性选修课 (%)	非限制性选修课 (%)
1981 年之后	140-160	70%	20%	10%
1985 年之后	145-155	60%	30%	10%
1988 年之后	155-180	70%	20%	10%

我们看到，1981 年学分制改革之后总学分要求为 140-160，其中必修课占总学分的 70%，限制性选修课占总学分的 20%，非限制性选修课约占总学分的 10%。1985 年，《关于修订教学计划若干共同问题的规定》将总学分压缩到 145-155，必修课比例降为 60%，限制性选修课比例提升到 30%，非限制性选修课仍占约 10%[85]。虽然在这一规定下，大部分专业必修课比例都呈现出下降的趋势，如物理学专业，1982 年必修课比例为 79%，到 1986 年下降到 77%；化学专业，1982 年必修课比例为 78%，到 1986 年下降到 68%[86]，但是大部分专业，尤其是理科专业必修课比例仍比较高，很少有真正将专业课压

---

85 《关于修订教学计划若干共同问题的规定》（1985）[Z]，北京大学档案馆馆藏，档号：30585001。

86 杜勤、睢行严，《北京大学学制沿革 1949-1998》[M]，北京：北京大学出版社，2000 年，第 166、197 页。

缩到总学分的 60%这一比例的。也就是说，在实践层面，这次的课程比例调整并不具有实质的意义。1988 年十六字方针提出之后，北大再次修订教学计划，总学分要求上升为 155-180，必修课比例恢复到 70%，选修课比例恢复为 30%，其中非限制性选修课仍占 10%[87]。这次修订总学分出现了大幅增加主要有两方面原因：主观上，学潮之后学校希望通过更重的学业压力让学生将更多的时间精力放在专业学习而非政治运动上；客观上，1989 年之后，北大本科生需进行一年军事训练才进入专业学习，这一年当中大量的政治类课程设置也使得总学分增多，必修课比例增高。由于这种变化有很强的偶然性，且很快就随着政治形势的变化发生了改变，因此也不是我们关注的重点。通过上述分析不难发现，事实上，八十年代中后期到十六字方针提出之后这一段时间，北大课程设置的框架并未出现有实质意义的大变化。不过，八十年代中后期，在看似一致的课程框架下，北京大学本科课程类别的实质内涵发生了深刻的变化。首先是必修课中的基础课开始从专业基础课向学科共同基础课演变，其次是限制性选修课从学生在多组课程中任选变成了从若干专门方向的选修组中选择某一组课程，这样限制性选修课事实上变成了专业方向的分流课程。此外，出现了文理互选课程的硬性规定。我们在下文中一一详细展开进行说明。

4.4.1 塑造研究人员的素质

4.4.1.1 从专业基础到学科基础

1986 年，本着丁石孙校长提出的"加强基础，适当扩展知识面，增强适应性，注意培养实际工作能力和创造精神"原则，北京大学已经对本科教学计划进行了一次修订。在这次修订中，北京大学本科培养目标仍强调"坚实的基础理论、基本知识、基本技能"[88]，但是，它不再单纯指向"专业自身的基础"，而是拓展到了"学科基础"层面。以物理学专业为例，学分制改革之后修订的物理学专业培养目标（1982）中强调学生要掌握"本专业所需要的基础理论、基本知识、基本技能"[89]，到了 1986 年，培养目标则开始强调学

---

87 《修订教学计划的若干规定》（1988）[Z]，北京大学档案馆馆藏，档号：3031988076。

88 《北京大学教学计划与课程目录》（1986）[Z]，北京大学档案馆馆藏，档号：3031986025。

89 《北京大学教学计划、课程目录》（1982）[Z]，北京大学档案馆馆藏，档号：3031982016。

生要"具有坚实的数学基础知识，**系统、扎实地掌握物理学的基本理论、基本知识、基本实验方法和技能**"[90]。即使是新设立的应用型专业也强调宽厚的学科基础，如财务学专业也强调学生要"有较坚实的经济学、管理学和数理方面的基础知识"[91]。1988年之后，在"加强基础，淡化专业，因材施教，分流培养"十六字方针的指引和一系列毕业调查的启发下，学校除了在培养目标中强调"学科基础"，还开始采取一些具体的拓宽基础的举措。如：对于一些分配不理想的口径过窄的专业，学校开始通过合并相近专业、统一基础课要求的方式使其从"狭隘的专业基础"转向"同一学科的共同基础"。比如无线电电子学系曾设置无线电电子学、电子及离子物理、波谱学及量子电子学、声学四个专业。这四个专业的教学计划不尽相同，由于面向较窄，分配遇到了极大的困难。这一时期无线电系下决心取消专业，将这几个专业方向的基础课统一，采用同一个教学计划。以便分配时可以贴多种标签[92]。生物系也类似。原来生物系有生物化学、植物学、细胞生物学及遗传学、植物生理学及植物生物化学、环境生物学及生态学、微生物学、生理学及生物物理学七个专业，修订后的教学计划按学科专业类设计，分为生物化学类、生理学及生物物理学类、环境生物学类等三类。随着较窄的专业变成了较宽的学科类，相应的课程设置也开始强调较宽的基础。文科方面也一样。政治学和行政管理专业开始共用一个教学计划，设置相同的必修课，在打基础阶段不分专业，专业课学习阶段才反映出专业的特点[93]。

4.4.1.2 从学科基础到大类学科共同基础

在推进从"专业基础"到"学科基础"的转变基础上，北京大学进一步认识到，作为一所综合性文理科大学，培养文理基础学科杰出人才和产出科研成果仍是学校义不容辞的重要任务。基础学科的人才应具有不同于工程技术学科和应用性学科人才的特点。他们应扎实掌握本门学科的基础知识和基本理论，这是认识和解释研究对象的本质和发展规律的基础；他们应力求对

---

90 《北京大学教学计划与课程目录》（1986）[Z]，北京大学档案馆馆藏，档号：3031986025。

91 《北京大学教学计划与课程目录》（1986）[Z]，北京大学档案馆馆藏，档号：3031986025。

92 《1988年教学研讨会纪录》（1988）[Z]，北京大学档案馆馆藏，档号：30488001(7)。

93 杜勤、睢行严，《北京大学学制沿革1949-1998》[M]，北京：北京大学出版社，2000年，第265页。

相关学科的知识和理论有大体的了解，有比较广博的知识和开阔的视野，以便从事物的联系上求得其内在规律[94]。如化学是研究分子结构及其运动变化的，它必须以数学、物理为基础；生物学是研究生命现象的，其中包括生物分子的转化与运动，还需要以化学为基础。根据这样的理解，理科各专业应当加强数理基础的学习和掌握，这是学好本专业和将来在本学科从事创造性工作的基础。对于研究数量和物质一般运动规律的学科，如数学、物理学，虽然没有必要以研究物质高等运动形态的学科为基础，但是为了认识一般的低级运动形态是从复杂的自然界运动抽象出来的，也应有一些其他学科的基础知识，以加深对本门学科的理解，了解本学科的具体应用。对于人文社会科学，也存在同样的逻辑，中国历史和中国语言文学应当成为人文社会科学的共同基础[95]。只有具备了这样坚实宽厚的基础，才能以不变应万变，真正适应日新月异的科技进步和社会发展。

鉴于上述对于"基础"的全新认识，北京大学除坚持重视"专业基础课"和"学科基础课"，还开始将"文理大类学科的共同基础课"纳入基础课的范围。具体而言，学校这一时期面向全校理科学生开设了高等数学和普通物理两门课，以加强理科学生的数理基础。并且，全校的高等数学和普通物理两门课根据课程深度、难度和教学时数分成了 ABCD 四个档次，学生可以根据所学专业和本人情况选学其中一种[96]。如地质系的学生，只要学生有能力学得好，也照样可以去听物理系甚至数学系的数学。这样，把数学的概念、方法和他的本学科结合起来，就能促进本学科的现代化。人文社科方面，由于加强全体文科学生文史哲学习的要求需要大量增设相关人员编制，这导致增加文科共同基础课的计划实际上未能实现。但是，学校已经开始往这个方向努力，积极鼓励文科各个系为全校学生开设多方面的课程，以适应加强基础的需要[97]。

---

94 王义道、孙桂玉、王文清，《文理基础学科的人才培养》[M]，北京：北京大学出版社，2005 年，第 59 页。

95 王义道、孙桂玉、王文清，《文理基础学科的人才培养》[M]，北京：北京大学出版社，2005 年，第 123 页。

96 王义道，《行行重行行——王义道口述史》[M]，武汉：华中科技大学出版社，2019 年，第 132 页。

97 《北京大学关于深化教学改革的设想》（1988）[Z]，北京大学档案馆馆藏，档号：3031988077。

从上述分析不难发现，从恢复高考到 20 世纪 80 年代末期，北大对"基础"的认识经历了从恢复高考之初的"专业内部狭隘的基础"到 80 年代中期的"学科基础"，再到 80 年代末期"文理大类学科共同基础"的变化。

4.4.2 增强适应社会的能力

4.4.2.1 降低专的要求，重设专门组

前文已经提到，在十六字方针指导下，北大要对学生进行分流培养。分流大致可分为两个方向：一是继续深造、今后从事研究工作，二是直接进入实际工作岗位从事具体工作。对前一类方向，北京大学原有的教学计划大体可行，只需做少量调整；对后一类方向，则需要一方面降低专业课的要求，另一方面多开应用性、技术性、实践性课程，加强各种实践教学环节。在降低专业课要求方面，以物理系为例，除了共同修读的必修课（占 76.1%）要求一致之外，选修专业课的要求按照培养人才的去向分成两种：一种针对毕业即进入实际工作岗位的学生，把三门理论系统很深的理论物理课程理论力学、点动力学、热力学与统计物理综合为一门经典物理课，8 学分；另一种则针对毕业后要继续深造的学生，上述三门课分开讲授，每门课 4 学分[98]。选择第一类专业选修课的学生要毕业只需进行 5 学分的科研训练即可，而选择第二类的学生则要做 5 学分的毕业论文，为后续的深造打下基础。关于这样改革的初衷，物理学院退休基础课教师回忆说："过去完全是纯物理的模式，难度很大，强度很大，课时、学时很多，学生没有时间去干别的，好处就是我们在整个学术界，包括全国高校培养了很多的人才，很多高校的老师都是我们的学生，都是校友。但是，在市场化的冲击之下，学生思想变化比较大。可以给国外写电子邮件之后，北大物理系学生针对留学美国的物理专业校友做了一次调研，结果发现这些校友在美国继续从事物理科研的人并不多，这对学生的冲击很大，紧接着的一次期末考试中物理专业课程就出现了 100 人以上的大面积挂科。这也给老师们敲响了警钟，老师们意识到，要给学生一些选择，不能把他们都捆在科研这条道上。"[99]

除了降低专业选修课的要求以分流研究型人才和实际工作者，各专业还

---

98 杜勤、睢行严，《北京大学学制沿革 1949-1998》[M]，北京：北京大学出版社，2000 年，第 265 页。

99 来源于访谈者 B-2，访谈时间：2018-6-27。

通过专门组的设置对学生进行进一步的专门方向分流。仍以物理学专业为例，物理学专业开设了多组分流选修课程（理论物理专门组、半导体物理专门组、激光物理专门组、磁学专门组、低温物理专修组、固体物理专修组）供学生分流选修。这类课程是按不同学科分支方向设置的，它反映了本门学科某些分支领域的独特科学事实和规律，独特的理论与研究方法及最新的研究成果和发展方向。学生从若干组课程中选择一组课程，就可以对某一分支领域有比较完整的深入了解，从而能够在毕业后较快地进入该实际工作领域。物理学院退休教师这样解释道："过去学生是被动的，你要我学什么，我就学什么，我们比喻就像吃桌餐，这一桌就这么十个菜，你就吃这么多。现在不同了，桌餐变成了自助餐，学生的积极性被调动起来了，他可以根据自己需要来选课。有能力的学生，我们给他搭梯子，让他上不封顶，可以有发展的余地；中等的学生，也可以在已有的基础上有所提高，能力得到提升；学习物理感到还有点被动的学生，在新的模式下则能够稳住，然后有寻找自己发展方向的可能性。"[100]值得注意的是，虽然"专门组"和50年代的"专门组"设置在名称上是一样的，但其内在意涵已经发生了根本的变化。苏联模式下的专门组并不仅仅是一组课程，它是一个项目，学生跟随老师借助具体的研究问题展开系统的科研训练，以养成高级专门家的科学素养。可以说，专门组是培养专家过程中不可或缺的重要组成。相比之下，新形势下北京大学的专门组则是在"加强基础"的前提下，因材施教，尊重学生的自由选择意愿，为不同兴趣和能力的学生提供一组学科某一分支相关的课程。这一组课程中还包含很多实践性很强的接口课程（如机械制图、电路与电子线路、计算机控制、计算方法、实践英语、科技法和知识产权等[101]），它们能帮助学生在毕业后更顺利地进入相关的实际工作。可见，全新的专门组只是北大整个本科培养计划中的"从属"部分，是人才培养的一种补充。作为满足社会用人单位要求一个灵活措施，这一时期的"专门组"体现了北京大学在处理教育规律与市场经济体制的矛盾、克服教育的长周期和滞后效应与市场需求的迅速变化、追求短期效应之间矛盾时的变通[102]。

---

100 来源于访谈者 B-2，访谈时间：2018-6-27。

101 王义道，《关于高等理科教育改革的几点看法》[N]，《中国教育报》，1990-08-28。

102 王义道、孙桂玉、王文清，《文理基础学科的人才培养》[M]，北京：北京大学出版社，2005 年，第 120 页。

4.4.2.2 文理互选和艺术课的强制要求

（1）文理互选，扩大知识面

新中国成立初期，中国各大高校都还是单独进行招生招考的。1952 年 6 月，随着国家教委发布《关于全国高等学校 1952 年暑期招考新生的规定》，全新的统一高考制度开始建立。按照该规定，全国各大高校招生的考试科目均为政治常识、国文、外国文（俄语）、中外史地、数学、物理、化学、生物。报考文法财经等院校和系，前四个科目的考试成绩占总分的 60%，剩下的科目占总分的 40%；报考理工农医等院校和系，前四个科目占 40%，剩下的占 60%；报考艺术、体育等院校和系的考生，前四科占 40%，后四科占 30%，加试术科成绩占 30%。1954 年，统一的高考制度仅实施 2 年，国家教委就重拾分科招考的传统，把大学所有专业分为三类（理工农医为一类，非财经的文科为一类，财经为一类），分别对应相应的考试科目。到 1964 年，上述三类又被改为理工农医和文史两大类并稳定下来。至此，我国大学招考分文理两科进行的传统开始形成[103]。

十年浩劫结束之后，统一高考制度得以恢复，《关于 1977 年高等学校招生工作的意见》中明确指出考试（仍）分文理两类，其中文科考试科目为政治、语文、史地四科，理科考试科目为政治，语文、数学、理化五科。虽然在文革开始之前，分科招考的传统已经在一定程度上导致学生在高中阶段的学习有所偏向，但是直到文革结束，我国高中阶段的教学都坚持不分文理科，因此，大学入学新生的整体基础还相对比较均衡。然而，随着高考竞争压力的加剧，为了在高考竞争中取得好成绩，从 1978 年开始，我国高中从二年级就进行文理分科。尽管 1983 年 8 月国家教委在《关于进一步提高普通中学教育质量的几点意见》中特别提出"不要搞高考考什么就只开设什么课程的所谓文理分科"，但是高中文理分科依然存在且愈演愈烈。这种过早分科的风气导致从上世纪八十年代起开始出现高中理科毕业学生人文科学基础差，高中文科毕业学生自然科学现代科技知识少的状况，这无疑给学生进入大学之后的学习以及进入社会之后的实际工作带来了极大的负面影响。

从长远来看，开阔的科学视野将为基础学科人才开拓学术领域、创造性

---

103 柯政，〈不分文理科的历史经验、潜在风险及政策建议〉[J]，《教育发展研究》，
2015 年第 35 卷第 24 期，第 30-36 页。

地工作奠定根基；对于将要从事实际工作的毕业生来说，开阔的视野也有利于他们适应不同的实际工作。因此，早在上世纪 80 年代初期学分制改革之后，针对高中毕业生文理不通的状况，北京大学就开始提倡文科学生修读一、二门自然科学课程，理科学生修读一、二门人文科学或社会科学课程以扩大知识面。按照学校要求，各系必须积极创造条件，努力开设这类扩大知识面的课程。然而，由于当时学校基础课力量尚未完全恢复，各系的主要精力仍放在恢复基础课教学上，事实上可供文理互选的课程数量很少。鉴于此，学校仅对学生提出了文理互选的倡议，并未做相关的硬性要求。直到上世纪八十年代后期，北大本科基础课教学已经基本恢复，且学校本硕博比例已达到 38.6：8.4：1[104]，这意味着培养专家的任务进一步转移到研究生阶段，北大本科作为整个高等教育基础的地位更加明确，于是，大力建设文理互选课，努力克服本科教育过于狭窄的倾向再次被提上议事日程。1988 年十六字方针提出之后，北京大学大力建设了一批文理互选课程（详见表 4-9，表 4-10）。在此基础上，1990 年，北大在新版教学计划中首次明文规定：文科、外语课学生修读理科课程（除计算机课外）不得少于 4 学分，理科学生修读文科课程（除政治理论课外）不得少于 4 学分[105]。文理互选课程一直被看作是 2000 年之后北大通识教育选修课的前身，但是，相比 2000 之后 16 学分的通识教育选修课，这一时期文理互选课的要求显然要低得多。这是因为，当时学校认为，我国大学生在总人口中的比例远少于发达国家，大学本科教育虽具有通才教育的性质，但还必须带有较强的专门人才培养性质，不能完全成为以提高科学人文素质为主的通才教育[106]。因此，让学生自己选修的一般文化课程不宜过多，包括文理互选课在内的非限制性选修课控制在总学分的 10%以内。可以说，这一时期的文理互选课只是专业教育之外的一道调味小菜。

---

104 王学珍、王效挺，《北京大学纪事（1898-1997）》[M]，北京：北京大学出版社，1998 年，第 1102 页。

105 《各系本科教学计划（院系单行册）》（1990）[Z]，北京大学档案馆馆藏，档号：3031990035。

106 王义遒、孙桂玉、王文清，《文理基础学科的人才培养》[M]，北京：北京大学出版社，2005 年，第 130 页。

表4-9　十六字方针之后新建文理互选课程名单（文科）[107]

开课名称	开课系	学分	开课名称	开课系	学分
科技文献检索	图书馆学系	3	中国通史	历史系	8
中文工具书	图书馆学系	3	世界通史	历史系	8
西文工具书	图书馆学系	3	当代文学	中文系	2
社会学概论	社会学系	3	现当代文学作品赏析	中文系	2
国际贸易	国际经济系	3	古代文学作品赏析	中文系	2
国际金融	国际经济系	3	古代诗文选读	中文系	3
货币银行学	国际经济系	3	语法修辞	中文系	3
财政学原理	国际经济系	3	社会学研究方法	社会学系	3
西方政治制度剖析	政治学系	3	领导学	哲学系	拟开设
中国政府	政治学系	3	人际关系学	哲学系	拟开设
公共关系学	政治学系	4	科技法	法律系	拟开设
美学	哲学系，艺术教研室	3			

表4-10　十六字方针之后新建文理互选课程名单（理科）[108]

开课名称	开课系	学分	开课名称	开课系	学分
近代物理介绍	物理系	2	花草树木识别	生物系	2
音乐声学概论	物理系	2	人类与环境	地理	2
核技术应用概论	技术物理	2	灾害学	地理	2
环境科学概论	技术物理	2	国土学	地理	2
近代天体物理讲座	地球系	3	海洋学	地理	拟开设
空间科学技术基础	地球系	3	心理学导论	心理	4
天文学	地球系	4	地学概论	地理	3
人体结构与功能	生物系	3	人文地理学	地理	3
生态学概论	生物系	2	旅游地理	地理	3
资源生物学	生物系	2			

注：另有语言类选修课若干，这里不单独罗列。

---

107 《关于修订教学计划的几个原则意见等》（1989）[Z]，北京大学档案馆馆藏，档号：30589022(1)。

108 《关于修订教学计划的几个原则意见等》（1989）[Z]，北京大学档案馆馆藏，档号：30589022(1)。

虽然相比 80 年代初文科仅开设中国通史、中国哲学史、世界通史、当代文学作品选读，理科仅开设高等数学、普通物理、普通天文学、普通生物学、环境科学概论、自然地理概论等课程[109]的情况，这一时期文理互选课程的体量已经明显增加，基本能够满足全部本科生修读两门文理互选课程的需要，但是，从课程质量和系统性上看，这一时期看似红火的文理互选课却强差人意。这是因为，首先，学校这一时期虽然是从通才教育的角度出发设置了文理互选课，但究竟何为"通"，如何达到"通"并未在强制要求修读文理互选课之初想明白，这导致文理互选课的设置缺乏规划和结构设计；其次，这一时期的北大教师多是通过五六十年代专业教育培养出来的，他们自身缺乏深入浅出地讲解诸如普通物理、中国通史等普通基础课程的能力；再者，市场经济条件下，学生走上工作岗位迫切需要各种通用的技能，对于无法短期见效的东西不感兴趣。于是，为了一方面在短期内按照学校要求开出自身能力范围内的、足够数量的文理互选课，另一方面满足学生对于这类课程实用性的要求，老师们只能大量开设泛泛的概论类课程以及迎合学生需求的、面向通用知识和技能的课程（如检索类和经济管理类）。

上述这些关于文理互选课课程架构和课程质量的问题一直困扰着北京大学。不过，由于文理互选课在很长的一段时间内都是作为专业教育的有限补充存在的，占总学分的比例不大，因此在本研究所讨论的时间跨度内，文理互选课的质量不佳并未在很大程度上影响到北京大学整体的本科人才培养。2000 年之后，北京大学在文理互选课的基础上开始设置高达 16 学分的通识教育选修课，并试图将通识教育选修课变成专业教育的基础。这时候，一直面目模糊的"通"埋下的隐患才凸显出来。

（2）必修艺术课程，抵御不良价值观

18 世纪，席勒首先提出了美育（aesthetic education）的概念，它指向"由过度的理性带来的压抑感性、远离自然，最终导致人的和谐本性的丧失"[110]问题。民国时期，王国维先生将美育的概念引入中国，并认为"必须在人生学习各阶段施以美育"[111]。新中国成立之初，国家的教育方针体现出对美育

---

109 杜勤、睢行严，《北京大学学制沿革 1949-1998》[M]，北京：北京大学出版社，2000 年，第 177 页。

110 J. C. F. von Schiller, E. M. Wilkinson, L. A. Willoughby, On the Aesthetic Education of Man. In a Series of Letters [M], New York: Frederick Ungar,1954, p.37.

111 王炳照，阎国华，《中国教育思想通史（第六卷）》[M]，长沙：湖南教育出版社，

的认可：1951 年 3 月 19 日，在全国第一次中等教育会议上，时任教育部长的马叙伦首次在新中国提出要使青年一代在德育、智育、体育、美育等方面获得全面发展，成为新民主主义社会自觉的积极的成员，这一提法随后被落实到《中学暂行规程（草案）》和《小学暂行规程（草案）》（1952）之中[112]。之后，在中央人民政府教育部颁布的一系列教育政策中都贯穿着德智体美全面发展的方针。然而，1957 年，提法发生了变化。在毛泽东同志《关于正确处理人民内部矛盾的问题》一文中指出，要"使受教育者在德育、智育、体育几方面都得到发展"。这个提法不仅调换了智育和德育的位置，还把美育抹去了。最初，不强调美育并非否定美育的价值，而是把美育看作德育的一部分。根据苏联《简明美学词典》的理解，审美教育是劳动教育、政治教育、思想教育、特别是道德教育的一部分[113]。我国在 20 世纪 60 年代初期展开的关于美育的一系列讨论据此认为："德育、智育、体育这三方面都包含了美育，德智体兼备就是完美的人。美育离开德、智、体，就成了抽象的东西。因此没有必要再单独列为全面发展教育的组成部分"[114]。然而，到了文化大革命时期，美育的地位发生了根本的变化，它不再作为德育的一部分而存在，而是"被当作封资修的黑货而遭到彻底的否定"[115]。

　　在经历了 20 余年的空窗期之后，美育在上世纪八十年代再次进入国家的视野。这是因为，随着改革开放的深入推进，我国在学习世界各国有益文化的同时，一些丑恶腐朽的东西也不可避免地乘机渗透进来。面对这些糟粕，仅靠德育和智育已无法抵挡。于是，时任国家总理的赵紫阳在关于七五计划的报告中，再次明确把美育和德育、智育、体育一起列入国家的教育方针[116]，希望借助美育系统地传授审美知识，培养审美能力，帮助学生树立正确的审

1994 年，第 160 页。

112 何东昌主编，《中华人民共和国重要教育文献（1949-1979）》[M]，海南出版社，1998 年，第 8 页。

113 [俄]奥夫相尼柯夫、拉祖姆内依，《简明美学词典》[M]，冯申译，北京：知识出版社，1987 年。

114 文汇报邀请教育学心理学界部分人士座谈，《探讨教育学中的美育问题》[N]，《文汇报》，1961-05-20。

115 瞿葆奎主编，《社会科学争鸣——教育学卷》[M]，上海：上海人民出版社，1992 年，第 146 页。

116 赵紫阳，《关于第七个五年计划的报告——1986 年 3 月 25 日在第六届全国人民代表大会第四次会议上的讲话》[EB/OL]，http://www.npc.gov.cn/wxzl/gongbao/2000-12/06/content_5001763.htm. 2018-10-22。

美观念，审美情趣，激发学生对美的爱好与追求，从而抵御在学习西方过程中一些不良价值观的浸染，防止帝国主义的和平演变，反对资产阶级自由化。这意味着美育的地位在我国重新被确立了。1988 年，国家教委（88）教办字 025 号文件《在普通高等学校中普及艺术教育的意见》进一步明确要求：普通高等学校必须把艺术选修课逐步纳入教学计划中。有条件的学校，要在 1989 年底之前开设一两门或更多的艺术课程[117]。

北大是有美育传统的。早在蔡元培时期，北大就提出"以美育代宗教"、"体育、智育、德育、美育"[118]五育并举的主张。20 世纪 80 年代初，随着对美育认识的逐步恢复，北京大学在学分制改革时提出，逐步增开有关戏剧、音乐、美术以及体育等方面的选修课程。1983 年，学校正式成立艺术教育组，开出了《基本乐理及视唱》课程供学生选修[119]。1986 年，北大艺术教育组更名为艺术教研室，又陆续开出《西方音乐简史》、《西方艺术史》、《中国音乐史》、《中国美术史》、《基本乐理及视唱》、《合唱与合唱指挥》、《西方音乐史》等课程[120]。据学校当时的统计，共有超过 1500 名本科生选修了上述课程，而当时北京大学本科生每年的招生数还不满 3000 人，可见学生对此类课程的热情。以《音乐欣赏》课程为例，限报 400 人，实际报名人数居然超过 1600 人。在第一堂课上，仅能容纳 400 人的教室来了六七百人，教室门一开学生便一拥而进，把新建的科研大楼演讲厅大门都挤倒了，大花盆也挤碎了[121]。由于西方资产阶级不良价值观的持续侵染，上世纪八十年代中后期北大校园中频频出现学生运动，一定程度上影响了整个社会的稳定团结，于是，在《在普通高等学校中普及艺术教育的意见》指导下，北京大学在 1990 年修订的教学计划中开始明确要求每个学生本科阶段必修 2 学分艺术类课程以"普及与加强艺术教育，使每个学生在大学四年生活中每年都能受到艺术教育，从而陶冶学生的道德情操和文化修养，培养识别真善美与假丑恶的能力，发展创造

---

117 京高教学字(1988) 032，《关于高校开设艺术选修课的意见》（1988）[Z]，北京大学档案馆馆藏，档号：30588019(2)。

118 蔡元培，《蔡元培美学文选》[M]，北京：北京大学出版社，1983 年，第 107 页。

119 《北京大学成立艺术教育组的通知》（1983）[Z]，北京大学档案馆馆藏，档号：3051983008。

120 校发 87（152）号，《校长办公会同意艺术教研室从社科处独立出来》（1987）[Z]，北京大学档案馆馆藏，档号：30587004(1)。

121 《关于普通大学艺术教育现状的调查报告》（1987）[Z]，北京大学档案馆馆藏，档号：30587006(2)。

性与想象力"[122]。

不难发现，对于美育的强调、对于艺术类课程的强制要求是与国家特定历史阶段的特殊国情和需求紧密相连的。并且，80 年代提倡的美育仅仅是作为艺术教育的狭义的美育，美学的原理并未真正渗透在各个学科的教育当中。

4.4.2.3 实习实践成为必修

上世纪八十年代初期，学校已经认识到片面强调课堂讲授的弊端，开始重视文科的社会实践和理科的自主实验。如果说当时对学生实习实践能力的重视主要是从增强工作适应性方面考虑的，那么到了上世纪八十年代中后期，实习实践则不仅仅是出于适应工作的考虑，还是出于了解社会并与之和谐相处的考虑。从 1984 年到 80 年代末期，北京大学共出现了四次学潮（分别是 1984 年的熄灯事件，1985 年的冲击南校门事件，1987 年元旦进城游行事件和 1989 年的六四风波[123]），这四次学潮的主角均为北大学生，尤其是北大文科学生。学校意识到，学潮的频繁出现和学生过于偏重理论学习，脱离实践有着很大的关系。而社会实践不仅能帮助学生巩固、深化所学理论和专业知识，锻炼实际应用能力，培养搞社会调查，做群众工作的基本技能，从而为学生（尤其是文科学生）毕业后走上社会提供思想、心理、技能上的准备，还是学生接触群众、了解社会、认识自我的根本途径，对于加深学生对国情的认识，培养工农感情，树立正确的人生观和政治方向有着重要的影响。为此，从 20 世纪 80 年代中期开始，北大根据各专业的学科特点与需要，把社会调查、生产实习、与专业相结合的社会实践活动、军事训练以及参加一定的体力劳动列为必修课，并进一步规定，各系可根据教学的需要，在四年内的前三个暑假中，占用一个暑期时间安排实习、社会调查及其他时间活动，每个学生必须参加[124]。

之后，按照《国家教委关于改进和加强高等学校生产实习和社会实践工作的报告》以及国家教委、共青团中央《关于广泛组织高等学校学生参加社会实践活动的意见》"将学生参加生产实习和社会实践纳入教学计划，四年内

---

122 《北京大学关于深化教学改革的设想》（1988）[Z]，北京大学档案馆馆藏，档号：30588025(7)。

123 丁石孙口述.袁向东、郭金海访问整理，《有话可说：丁石孙访谈录》[M]，湖南：湖南教育出版社，2013 年，第 4 页。

124 《北京大学教学计划与课程目录》（1986）[Z]，北京大学档案馆馆藏，档号：3031986025。

用于生产实习和社会实践的时间不得低于 4-6 个月，有条件的学校要逐步普遍实行学生参加军训的制度[125]"的要求，北京大学进一步明确，"（理科要）通过实验训练学生科学的方法和严谨的学风；适当增加实习的分量；选择少数有条件的专业试行恢复生产实习；文科必须把社会调查，教学实习，社会服务等列入教学计划；积极吸引学生参加科学研究、科技开发、商品生产等活动，锻炼实践能力；鼓励学生参加校内服务和管理工作，培养学生自我教育，自我管理和社会工作能力；重视试验、实习、习题课、课堂讨论、小论文、社会调查等实践性环节的指导"[126]。在此基础上，学校对实习实践的时间安排做出了具体要求：本科学生在校期间要参加劳动 8 周，实习或社会调查 4-12 周不等，毕业实践 8-10 周，军训 3 学分。参加实践教育的总周数，一般不少于 22-30 周[127]。在实习实践的要求方面，文理科存在显著的差异。北大文科 12 个系（不含外语各系）中，中文、历史、法律、图书馆学系，哲学系的宗教专业，国际政治系的国际文化交流专业和国际政治专业的部分年级是以专业实习、教学考察开展实践活动。经济学院的三个系，社会学系，哲学系的哲学专业，国际政治系的国际政治专业的部分年级则主要是以社会调查形式开展社会实践活动[128]。相比之下，这一时期北大理科各专业仍主要通过加强科研的训练增强学生的实践能力。如继续推进实验课程的改革；鼓励少数学有余力的学生从二三年级开始参与教师和研究生的科研课题，共同进行学术讨论，从事他们力所能及的工作[129]；针对分流到应用方向的毕业生设计科研训练，使他们通过训练具备应对实际工作的能力；针对今后想要继续深造从事研究型工作的学生设计毕业论文，毕业论文中有 90% 都包含实验或野外实习等实际操作能力、观察能力的训练手段[130]，这可以培养和提高学生

---

125 《国家教委关于加强普通高等学校本科教育工作的意见》（1987）[Z]，北京大学档案馆馆藏，档号：30487022(1)。

126 《北京大学关于深化教学改革的设想》（1988）[Z]，北京大学档案馆馆藏，档号：30588025(7)。

127 王义道、孙桂玉、王文清，《文理基础学科的人才培养》[M]，北京：北京大学出版社，2005 年，第 240 页。

128 《关于加强文科教学计划内社会实践活动的几点意见》（1991）[Z]，北京大学档案馆馆藏，档号：30591026(2)。

129 王义道，《行行重行行——王义道口述史》[M]，武汉：华中科技大学出版社，2019 年，第 106 页。

130 王义道、孙桂玉、王文清，《文理基础学科的人才培养》[M]，北京：北京大学出版社，2005 年，第 243 页。

的科研能力。

北大在推进实习实践方面做出了巨大的努力。然而，由于经费不足，实习实践的开展遭遇了极大的困难。在 1989 年给北京市的信中，校方反映："我校始终重视学生在校期间参加各种类型的社会实践活动，每年有近 1500 人参加，增进了对国情的了解，有利于树立正确的人生观和理论联系实际的学风，巩固了已学的专业知识。然而，实习也遇到了一些问题，首先，社会实践活动基地不落实。我校目前仅考古系在外地有一固定实践基地，其他各系由于没有固定基地，因而实习组织十分困难。往往为落实一实习地点，要派教员四处奔波，拉关系，走门路仍不易落实。有时不得不因为没有合适的活动地点而取消实习计划。其次，社会实践活动经费极度缺乏。学校没有自主社会实践活动的专项经费，过去只能靠从有限的教学及业务费中来解决"。[131]虽然这之后北京市发文称"要把生产实习和社会实践作为高等院校、企事业单位及社会各界的共同任务，把它放到一个极端重要的位置上来抓。我们的大学生知识面开阔了，外语和计算机水平也提高了，思想也活跃了，掌握先进技术的能力也大大加强了，但对生产，对基层、对实践，对广大的工人农民距离远了……生产实习和社会实践不仅仅是增加动手能力、实践能力，更重要的是德育上的教育……高等学校要把生产实习和社会实践从一个辅助性地位提高到主要地位，把它看作是我们教育过程和教学过程中一个不可缺少的环节"[132]。但是从北京大学实习实践的实际情况看，这一问题并未得到解决：中文系编辑专业 1988 级安排实习，只有四川省出版系统愿意接待[133]。1991年，法律系由于经费紧张，不再安排外地实习，改为北京市实习。

4.4.2.4 转系转专业和辅修制度的建立

曾任北大校长的周培源在《访美有感——关于高等教育改革的几个问题》一文中曾指出："实践证明，过去的计划，问题很多。我们在物质生产方面，吃了主观主义的'计划'的亏，已经够多了。在精神生产方面，主观主义的

---

131 《关于加强社会实践活动建设给陆宇澄副市长的报告》（1989）[Z]，北京大学档案馆馆藏，档号：30489036(2)。

132 市实习办[1989]001 号，关于印发《陆宇澄副市长在北京市高等学校生产实习和社会实践工作报告会上的讲话》和《北京市高等学校定点实习单位名单》的通知（1989）[Z]，北京大学档案馆馆藏，档号：30489036(1)。

133 《关于中文系等系学生社会实践经费补助审批材料》（1991）[Z]，北京大学档案馆馆藏，档号：30591026(3)。

'计划'造成了多少人才被埋没，则是无法统计的。我们要在计划方面好好总结经验，在培养人的办法上进行改革，找出一条我国自己的道路，作到社会主义的计划性与'人尽其才'的统一。"[134]允许学生转系转专业就是"人尽其才"的有效手段。北京大学学分制改革之后，学生不用再在入学后整班地、上百人地按一张课表上课，而只要修满这个专业毕业所需的学分数即可毕业，这为转系转专业的探索提供了可能性。1985 年 4 月 8 日，北京大学原则通过《关于转系转专业的暂行办法》，开始允许学生转系转专业。转系转专业要求学生要在原系（专业）读完一年或两年，由所在系（专业）同意，经拟入系（专业）考核合格，准其转系（专业）学习。学习年限一般仍为 4 年，个别学生可延长一年[135]。自 1985 年 4 月校长办公会通过转系、转专业办法的短短两个月后，学校就批准 92 名学生转系转专业，其中 16 人从理科转到文科[136]。1985-1989 年间，北京大学本科文理科各专业共有 358 名学生转系转专业，其中理科转到文科的 64 人，文科转到理科的 3 人，在文、理、外语科大类里内转换专业的 294 人，本系内调动专业的 64 人[137]。允许学生转系转专业不仅有利于培养跨学科新兴人才，满足社会的需要，还被时任北大校长丁石孙看作是解决学生"中期淘汰"的一种方式[138]（时任北大校长的丁石孙自己最初入大同大学电机系，后因不善于画图，每门功课都是 C，想到画图就害怕而转入了数学系，成为优秀的数学家）。

此外，为适应我国社会主义现代化建设发展的需要，加速培养交叉学科和边缘学科方面的人才，使学生能有较宽广的知识面，毕业后对工作有更大的适应性，北大还决定试行主辅修制，即学生可以在完成主修专业学业的同时，选读辅修专业[139]。辅修专业课程的学分数，一般应占本专业必修课和限

---

134 周培源，《访美有感——关于高等教育改革的几个问题》[N]，《人民日报》.1981-04-02。

135 王学珍、王效挺，《北京大学纪事》[M]，北京：北京大学出版社，1998 年，第1053 页。

136 《学生转系转专业审批材料》（1985）[Z]，北京大学档案馆馆藏，档号：3031985010。

137 杜勤、睢行严，《北京大学学制沿革 1949-1998》[M]，北京：北京大学出版社，2000 年，第218 页。

138 王义道，《行行重行行——王义道口述史》[M]，武汉：华中科技大学出版社，2019年，第 124 页。

139 《北京大学规章制度汇编》（1989）[Z]，北京大学档案馆馆藏，档号：30489002(5)。

制性选修课学分总数的 35%-40%[140]。由于当时学生去其他专业旁听是很自由的，感兴趣即可去听，也可参加考试，获得学分[141]，因此许多学生通过这种途径修读了辅修专业，甚至拿到了学位（80 年代从北大力学系毕业的程和平院士就是辅修制度的获益者。程和平院士 1980-1984 就读于北京大学应用数学与流体力学专业，获学士学位；1984-1987 为北京大学应用数学与力学系生物工程专业研究生，同时辅修生物学系生理学专业本科课程，最终同时获得硕士学位和第二学士学位）。到 1992 年，北大全校有 14 个系 22 个专业开设辅修专业，300 多名本科生攻读辅修专业[142]。

4.5 本章小结

　　面对市场经济的强烈冲击，北京大学不得不开始面向社会，适应市场，大量地培养实际工作者。虽然在这个过程中存在片面迎合市场，设立过于窄化的专业和开设过于强调培养实际工作技能的接口课程的情况，但是，从整体上来说，在丁石孙校长"加强基础，适当扩展知识面，注意培养实际工作能力和创新精神，增强适应性"和王义遒副校长"加强基础，淡化专业，因材施教，分流培养"理念的指导下，北京大学进一步拓宽了对于基础的认识，开始通过合并相近专业、统一教学计划等方式加强同一学科的共同基础课，并启动了加强文理大类学科共同基础课的尝试，这些努力都以培养具有研究人员素质的、能适应快速变动的实际工作者为目标。

　　培养扎实"专门人才"的努力背后蕴含着北京大学这一时期对于"专"新的理解——通过"专门学科"知识和技能的学习，习得"通用的学习方法"，以具备独立获取知识的能力和知识的迁移能力，适应进一步深造或走上具体工作岗位自主学习的需要。不难发现，"专"的塑造实质上要达到的是"触类旁通"。相比之下，这一时期明确提出的"通"指向的是实际工作者所必须的"通用技能"，它通过文理互选课、艺术课的设置以及实习实践、转系转专业和辅修制度来实现。其中，文理互选课承担扩大知识面的作用；艺术课程旨在抵御西方不良思潮的侵染；实习实践是为了让学生更好的了解现实，认

---

140 《北京大学辅修专业教学计划》（1987）[Z]，北京大学档案馆馆藏，档号：
　　3031987028。

141 来源于访谈者 A-2，访谈时间：2018-7-16。

142 《北大校刊》[N]，1993-03-28。

清自我；转系转专业和辅修则是为了人尽其才，促进交叉。通过上述分析不难发现，这一时期北京大学本科人才培养中"专"与"通"的努力都与综合大学科学研究、增进知识、文化传递的使命缺少关联，它们更多地是要通过对学生职业素质的训练，培养基础扎实、三观端正、专门对口、多才多艺的"职业精英"，以实现知识的社会实用价值。

由于 89 学潮的影响以及本校管理层与相当数量的教师对于十六字方针中"淡化专业"这一提法的强烈抵触，事实上旨在淡化专业，加强宽厚学科基础乃至文理大类学科共同基础的想法更多地还是停留在理念层面，并未真正落地；文理互选课、艺术课等课程的制度化建设也才刚刚启动；许多已经意识到的旧制度的弊病虽有所克服，但仍不同程度存在。这些都将成为北大下一个阶段工作的重点。

表 4-11　北大本科人才培养模式及通专内涵（从计划到市场（下））

本科人才培养模式	内　涵
培养目标	大量培养实际工作者
专业设置	继续拓宽基础学科专业口径，增设应用学科、交叉学科专业（应用学科专业比例上升，开始出现对口增设应用学科专业的情况）
课程设置	必修课-限制性选修课（分流培养、选择某一方向，修满相应学分）-非限制性选修课
教学组织形式	以课堂教学为中心，通过实习实践培养学生适应社会的能力 143
专	"专门学科"知识和技能的学习（专的目的确是习得"通用的学习方法"，以具备独立获取知识的能力和知识的迁移能力，适应进一步深造或走上具体工作岗位自主学习的需要。）
通	通用的职业能力

---

143 注：如果说上一阶段的实际工作能力更多地指向职业的技能，那么这一时期适应社会的能力还包括塑造正确的三观，培养正确认识社会、认识自己的能力。